成为被喜欢的品牌

陈亮途 著

如何获得消费者的非理性忠诚

中信出版集团 | 北京

图书在版编目（CIP）数据

成为被喜欢的品牌：如何获得消费者的非理性忠诚 / 陈亮途著. -- 北京：中信出版社, 2021.3
ISBN 978-7-5217-2432-5

Ⅰ.①成… Ⅱ.①陈… Ⅲ.①品牌营销 Ⅳ.①F713.3

中国版本图书馆CIP数据核字（2020）第219971号

成为被喜欢的品牌——如何获得消费者的非理性忠诚

著　　者：陈亮途
出版发行：中信出版集团股份有限公司
（北京市朝阳区惠新东街甲4号富盛大厦2座　邮编　100029）
承 印 者：北京诚信伟业印刷有限公司

开　　本：880mm × 1230mm　1/32　　印　　张：11.25　　字　　数：230千字
版　　次：2021年3月第1版　　印　　次：2021年3月第1次印刷
书　　号：ISBN 978-7-5217-2432-5
定　　价：58.00元

目录

第 3 章

消费者塑造品牌

第 4 章

经营消费者：联系力

第 5 章

经营消费者：社群营销

第 6 章

品牌定位：消费者心智感官

第 7 章

品牌定位：用户体验

第 8 章

品牌定位：品牌故事

第 9 章

挑战强品牌

第 10 章

建设长青的品牌

推荐序一

言传身教，共创学习者联盟

刘宁荣教授

香港大学 SPACE 中国商业学院常务副院长
中国商业学院（ICB）暨企业研究院（SEA）创院院长

认识 Hugo[①] 已经多年，他在品牌营销领域的探索也是不断地与时俱进。他总是马不停蹄地“南征北战”，和业界保持紧密的联系和互动。同时，他笔耕不辍，在内地已经出版了三本营销学著作，这三本著作都与这一领域的最新实践和最新发展密切相关。

他常常在第一时间将他的观察和心得与我们的学员分享。Hugo

① 书中 Hugo 均指本书作者陈亮途。——编者注

给香港大学 SPACE 中国商业学院授课已久，作为我们的客席副教授，他的教学深受学员欢迎。这离不开他深厚的功底和前瞻的视野。他知道如何成为受欢迎的“品牌”，授课内容丰富、案例鲜活、触类旁通，教学风格生动活泼、深入浅出、激情四射。

Hugo 传道、授业、解惑的理念和港大 ICB 是一致的。他本人也是终身学习的倡导者，不断进修。他喜欢阅读，这让他洞悉各地文化异同所带来的差异化商业实践，呼应了港大 ICB 提倡的终身学习理念——“学无涯，习天下”。Hugo 喜欢做老师，因为可以在课堂上分享学问，大有“独乐乐不如众乐乐”之意；Hugo 不以高高在上的学者自居，平易近人，跟学员像朋友般分享学问；Hugo 建立学习社群，和学员交流学习心得、教学相长，这跟港大 ICB 践行的“333”教学模式也是吻合的。

Hugo 席不暇暖、墨突不黔，仍笔耕不辍，相信分享就是最好的学习。疫情期间的各种不便并没有阻止这本书初稿的诞生。Hugo 通过多维度探讨“品牌心法”，为对营销策略和品牌建设感兴趣，却不太清楚两者区别的营销人，提供了层层递进的知识体系。

Hugo 的写作风格通俗易懂、生动有趣。书中有真实案例，如对 8 位创业者的访谈；更有甚具特色的内容，如请学员对书中案例分享评语，通过他和学员（部分是港大 ICB 营销管理学系的学员）共同学习的体验，为读者解析品牌建设的关键概念。

Hugo 在书中提出，品牌要让消费者成为故事中的英雄，要成为消费者的粉丝，为消费者可以变得更好而努力。有人说，疫情后的互联互通时代，“传统英雄”可能不复存在，取而代之的是“人人皆可英雄”。现实中，他通过赋能其学员（粉丝）成为书中“英雄”，组成“学习者联盟”，“先行其言而后从之”，身教学员如何打造受欢迎的品牌，为中国品牌未来发展变得更好而努力，其志可嘉。

营销和品牌建设虽然随着科技发展和历史前行不断突破和更新，但其成功永远离不开两个基础：一是营销的道德，如何建立企业和消费者之间的信任在充满信任危机的当今世界尤为重要；二是如何理解和满足消费者的需求。忘记了这两个根本，品牌是很难成功的，更不可能受欢迎。

推荐序二

消费者为他们喜欢的品牌买单

陈一枬

威汉营销传播集团董事长兼首席执行官

很高兴再次为 Hugo 的新书写推荐序。

我到内地工作已经超过 30 年，从当年带领精信广告打进内地开设办事处，负责开拓宝洁、上海大众汽车等国际品牌客户的内地营销代理业务，到 2005 年创办威汉营销传播集团，带领团队在内地规划荣威汽车的品牌建设策略（包括命名、品牌标志的设计、营销策略的执行），再到今天服务加州旅游局、奔驰汽车、汉莎航空、京都念慈庵等，已经服务超过 500 个中外品牌。我有一个深刻的体会，就是国外品牌特别重视长期的品牌建设战略，而大部分国内品牌相对只关注短期驱动销售的营销战术。

纵观绝大部分中国品牌，其实都没有成功开拓国外市场。原因很多，其中一个当然是中国市场本身就够大：不断增长的经济，加上庞大的人口红利，让大部分企业只需要专注于国内市场就可以赚到足够的钱。另一个原因就是中国的品牌建设和营销水平，跟国外市场已经相对成熟的品牌相比，还有一段距离。事实上，一直到近十年，我们才有像华为、腾讯、阿里巴巴、小米等外国人比较重视和敬佩，在国外也能大放异彩的中国品牌。

很明显，我们需要为中国的品牌主提供更先进和更易懂的品牌建设学问。Hugo 的这本《成为被喜欢的品牌》，可以说是市场上少有的及时雨。

所谓“被喜欢”，指的是被消费者喜欢。我们要明白，很多时候消费者不一定买功能最好的产品，也不一定买最便宜的产品。他们买的是他们喜欢的品牌的产品，因为这些品牌早已经占领了他们的心智，跟他们产生了情感联结。消费者的决定不一定都是理性的，而“喜欢”本身就是不理性的表现。能够成为被喜欢的品牌，就是要让消费者毫无难度地做出购买决定。这是品牌营销的一个重要课题。

《成为被喜欢的品牌》这本书，主要讲的不是那些品牌价值已经很高、被消费者普遍认同的超级品牌，而是小品牌如何破冰，通过定位战略占领消费者的心智，通过五感的刺激、产品的包装、超棒的用户体验以及进行社群营销跟消费者深化关系，最终成为一个“被喜欢的品牌”（a likable brand）。

一如既往，Hugo 通过讲故事和写案例的形式，把复杂的理论用简单的文字表达出来，力求能让读者（特别是没有营销基础的创业者）易于吸收和应用，可读性非常强。

毫无疑问，我要把这本书推荐给每一位想要学习品牌建设的读者。

推荐序三

以人为本的品牌建设

吴富思博士

瑞士商学院院长

为何阅读？有很多原因，诸如：阅读的过程是一种享受，助我们纾解烦思；阅读也是终身学习的奥义，启迪、帮助我们富有智慧地面对世界。

那为何要阅读《成为被喜欢的品牌》这本书呢？首先，这是一本专注于小众或小规模品牌建设的著作。面临市场上众多已成功的品牌，规模较小的品牌该如何在预算有限的情况下，抢到一席之地呢？可以在书中找到答案和方法。其次，本书作者 Hugo 是一位拥有超过 30 年经验的实践型学者。我是他的博士论文导师，在他的身上看到了智慧与学识，也看到他一直投身研究与分享。在瑞士商学院的教学团队里，他被公认为名副其实的“中国营销专家”。他的著作，极具权威性。

品牌价值是品牌主需要去刻意建设、塑造和增值的，这些都是为了在消费者心智中构建认知，从而影响他们的消费决策。对于营销人来说，所有的营销活动都是为了增加品牌价值，从而达到销售额、市场份额和利润的最大化。

世界不停在变，营销手段也在不断更迭。但以人性为本的营销核心，从未改变过。这就是机器人、人工智能等新科技没办法取代真人的原因。营销是讲究人跟人之间的交流的，通过交流，我们产生了同理心和爱。这是任何颠覆性科技手段都无法取代的。也因此，我非常认同 Hugo 的一个重要论点：品牌需要通过提供最佳服务和用户体验，让消费者产生愉悦的感受，并在购买和使用产品时能够感到满足和快乐。

品牌建设也是创建一个独特标识的过程，让产品能够与其他品牌有所差别。这也是大部分拥有创业者精神的品牌主需要注意的。如果创业只是生产与市场上竞品相若的产品，那品牌也只是在一片红海中竞争，最终竞争也会沦为价格战，而非价值战。品牌建设是为创造独特的消费者价值，而不是为拼价格牺牲利润。所以，要想创业成功，最基本的是要在创新的同时，找到一个合适而独特的定位，让消费者喜欢，最终成为“被喜欢的品牌”。

虽然我看不懂中文，但 Hugo 很耐心地将本书内容大意与我分享。他是一位深受欢迎的老师和朋友，对他的了解让我深信《成为被喜欢的品牌》这本书，一定会为广大读者带去全新的品牌视角和愉悦的阅读享受。

前言

我喜欢阅读。

通过阅读不同的书籍和文章，可以领略最前沿的商业趋势，了解企业通过何种创意策略克服困难、应对竞争，了解消费者行为背后的购买动机及决策驱动力，并洞悉各地文化异同所带来的差异化商业实践。

阅读给我带来的是海量的学问储备，这些学问储备充盈了我的头脑，丰富了我的人生，成为我的终身财富。

纵有万贯家财，如未惠及他人，便等同粪土。同理，腹有诗书学问，若无法分享予人，那也是一文不值。

因此，我喜欢做老师，因为可以在课堂上分享学问。我坚持写文，成为著书之人，因为书本和文思的力量可以将我的观点与他人切磋。我相信，分享就是最好的学习。

于是，就有了我的第四本书:《成为被喜欢的品牌》。

初　衷

写《成为被喜欢的品牌》的初衷，源于国内很多品牌在品牌建设和塑造方面有过多曲解。品牌主不清楚品牌建设与营销之间的区别，不明白品牌建设对企业长期利润的重要性，不了解在互联网时代（尤其是新冠疫情后）建设品牌的方式与过去已大相径庭。所以，我希望通过通俗易懂的文字和生动的真实案例，为读者解析品牌建设的基础概念，希望以此启发大家进行深入思考。

在这个人与人可随时随地互通的信息时代，品牌最需要洞悉的是沟通模式的颠覆，沟通模式早已不再是“我跟你说”的对话语境。品牌要跟消费者做朋友，并认真经营与他们的关系。

在现实生活中，与人交往亦同理可循。互联网让我们掌握了一种全新的沟通方式，我们只有维系朋友关系，才能增强相互间的联系力。

作为一个终身学习的倡导者，2020 年初，我与吴骎先生（Martin）在本职工作之余，联合创办了“壹陆学堂”学习社群，目的是为同样立志终身学习的人提供学习灵感，让大家在平日也可以修炼内功。这个社群的成员，大部分是我的学生和曾经听过我分享的朋友。大家日常在线分享学问，交流学习心得，这份友情甚至延续到了生活中。大家有一个共同目标，就是通过新的沟通模式，丰富个人的人生履历。

感　谢

我从2019年就开始与中信出版集团的朋友策划选题、酝酿灵感了，但书文主题反复调整，始终未能落实，直至2020年初全球性的新型冠状病毒肺炎疫情暴发。这次疫情，带来了诸多不幸，全球经济停摆，万千家庭痛失至爱，实在是一次人类历史上的大灾难，让人十分痛心。

但世事造化，在居家隔离的这段时间，我反倒静下心有了充足的受众洞察，并构思本书该有的样子。灵感乍现，我打开电脑，在四个月之内就完成了本书的初稿。当然，撰稿期间所经历的各种跌宕起伏，不足为外人道也。

所以，首先要感谢中信出版集团同人的体谅和包容。特别是一直支持我的编辑宋冬雪女士，没有宋女士的耐心鼓励，我相信这本书不会有机会面世。

我也要感谢Martin，他除了帮助我阅读初稿内容，还给了我很多宝贵建议，并协力采访了8位创业者，分享了他们的品牌经营之道。

我的中文书写、表达能力向来不强，加之我是一个思维跳跃的人，所以特别邀请了我在香港大学的学生，充满智慧的张墨让女士编辑了本书的初稿。这是最冗长烦琐的工作，但因她对我的思路知之甚明，所以是最能胜任的一位。除了编辑文字，她还帮忙梳理了文叙观点间的前后逻辑。

本书可以完成，其实还有一群幕后功臣要感谢，他们就是“壹陆学堂”创始初期的160名会员。我们每天在微信群中交流学问，我也会趁机在群里分享书中的内容和案例，征询大家的观点和意见。大家在阅读本书时，可以看到他们对案例的评价。这真是一次超棒的共创内容和共同学习的体验！

在这里，我希望把这些学员的名字全列出来，以示我由衷的感谢（排名不分先后）：

张辰钰、赵楠、雷耿坚、伍青青、黄华君、洪瑜舒、陈雪琼、焦婷婷、周涛、范瑞祯、田玉清、乔双丽、金明、侯京侠、张洁、李飞英、马晨程、杨龙亮、郑雯、易灵琰、蒋子翰、张荣昌、孟海涛、戴薇、黄丹、林焱、马俊斌、杨舒婷、林昕、李岑枞、张墨让、李昕桥、曾凡欣、周筠、刘刚、梁宝燕、黄鹤、吴昊天、曾令影、赵秀娥、戚云芸、张磊、黄世盛、韩晶晶、庄穗君、付颖、刘晓燕、杨凤英、骆妙如、邹立孟、方娜、陈玉彬、张敏、糜若英、赵雷、蒋佳妤、孟洁华、李瑶、王务杰、吴柳荷、张璐、王静、邢子怡、沈鹭、梁甜、王雪、段竹颖、魏凡淳、杜金凤、王萌、王容、黄翠红、徐梦舟、张小燕、梁秀玲、陈慧雅、林静霞、范蕊婷、张弢、许学润、徐琨、谢文娟、刘亚琳、李家栋、吴瑜、赵麟、赵旖旎、田耕辉、周秋群、张蕤、徐萍、王彬、周晨、李佳炬、赵英男、张羽翔、曹雯、詹丽娜、梁立、刘莉莉、左唯政、陈美美、李静、胡蓝心、岳凌涵、谢超、段黎梅、陈乐领、张浩峰、段心鑫、胡妍妍、陈子聪、吴琪娟、范赟、黄俊杰、刘妙、黄广懿、陈丽斯、王卫东、唐菲、许冠雄、丁涛、于沐鑫、邓韫、夏艳、郭慧、周舟、丁丹、赵翔宇、林可婕、吴文斌、林瑞丰、李茂彦、陈娟、梁少珊、柯云、陈丽娟、黄开立、陈琴、黄晨阳、陈唯奕、关颖、李振、孙永刚、佘定洋、杨晓曼、徐军华、窦凯、范春雅、黄刚、张迪、苏婷婷、兰陈怡、张智慧、吴凯西、杨芳、舒雪丽、吴珺、甄伟常、顾慧滟、杨楚婷、郑兰翔、钟毓、钱多多。

最后，感谢亲人和朋友的支持。

预祝大家，阅《成为被喜欢的品牌》有所感，在实际工作中有所悟。

陈亮途

2020 年 5 月 31 日

第1章

品牌建设与营销

钟先生刚从土耳其度假回来，约我在广州的点都德酒家吃饭。点都德是他推荐的，是一家深受广州人喜爱的“饮茶”酒家，好吃又地道。待我们落座，他送了一个非常有特色的土耳其纪念品给我。

我说：“老钟，谢谢你的礼物！在哪个店买的？”

钟先生说：“具体不记得了，就在游客最多的周末市场。路过的时候看到，猜你会喜欢，就特意买来送你啦！”

我说：“那个店叫什么呢？”

钟先生说：“我都不知道下次什么时候再去，怎么会记得？”

这番场景对话，给你什么启发？

钟先生买礼物注重的是地点方便、有当地特色且符合收礼物人的喜好，他并没有刻意去记店名，因为没有必要。

这家纪念品店使用了利于销售的营销手段——具有游客会喜欢的当地特色、便于购买的销售渠道、适中的价格，从而促进了交易。纪念品店一般很少考虑建设品牌，这主要是因为游客类消费者的重复购买率低，不需要培养与消费者的长期关系。

相反，钟先生之所以约我到点都德吃饭，一方面是因为其餐食品质得到了大众的认可，另一方面是因为点都德赢得了消费者的喜爱，自然就成为他们愿意经常光顾并乐于推荐的品牌。

建设品牌是为了培养与消费者的长期信任关系，属于长期建设工程，而营销只是品牌建设的手段之一。营销的一个重要目的是选择一些对销售最有利的策略，触发消费者在短时间内下单。

在书的开篇，先为大家理清两个常被混淆的概念：品牌建设和营销。

在此之前，先带大家认识一组专业词汇："品牌"在英文中是brand，是个名词；而"品牌建设"或"品牌塑造"是动词，与我们常说的marketing相对应的英文其实是branding，前者表示营销行为，后者突出品牌建设的过程。

2019年初，一家大型零售企业的副总裁打电话向我表示，希望我为集团旗下的子品牌制定"品牌建设"策略，我说"好呀"。想来这家长期保有市场份额的企业，终于意识到品牌建设对持续竞争力的影响了。但几日过去，这位副总裁却又表示，品牌总监已找到一家营销代理公司，并落实了春季营销计划，所以暂时就不考虑品牌建设了。我的反应依然是“好呀”。

我想，不论是这家企业的副总裁还是品牌总监，大概都将品牌建设与营销混为一谈了。

事实上，品牌建设是品牌的基础，是定义品牌使命、细分目标消费者、规划产品研发、推广渠道和定价方向及竞争定位等框架与格局的基本工程；而营销是实现营业额和利润最大化的手段。任何营销行为都应基于“品牌是什么”和“品牌不是什么”的格局展开。如果没有品牌使命和定位，营销只会沦为随机手段，根本无策略可言。虽然两者天差地别，但仍有很多人将其混为一谈。

大家这样说：

杨舒婷

品牌建设的目的是让营销有方向可循，品牌价值的结果也要在长期才能体现；营销是品牌指导下的市场运营手段，目的是获得利润和进行品牌传播，更注重当下所能获得的结果。

钱多多

营销是追求短期利益的过程，而品牌建设是持续创造价值的过程。就如人的精气神一样（“精”是品牌的基础产品和服务，“气”就是营销手段，“神”类似信仰，是需要培养和让人仰慕的），要想做到神的境界，必须要有精和气。

赵楠

品牌就像一个人的风骨、气质、价值观和文化底蕴，营销则像一个人的做事方法。品牌指导营销。君子爱财取之有道，有所为有所不为。那“道”是什么样的道？有所为的是什么，有所不为的又是什么？这些原则上的东西要靠品牌来决定。

林焱

营销是为了解决与消费者的初次乃至多次合作，愿景与使命赋能品牌是为了增强所有利益相关者的信心。

李佳矩

品牌建设是以长远利益为目标，培养忠实消费群体，让消费者为喜爱付费。营销是手段，为短期利益触动销售。

蒋子翰

品牌就像一个人的性格、外貌、三观，让这个人可以和喜欢自己这些特征的人交朋友、恋爱、相处。而营销则是让一个人具有吸引力从而达到自己目的的一种手段。

马晨程

品牌是一种信仰，可以让用户长期购买该品牌的商品。而营销是一种操纵手段，可以影响用户在没有品牌认知时的短期购买行为。品牌可以从本质上让商品产生差异化，没有品牌的商品只是无差别商品，营销影响的也只是对这些无差别商品的购买行为。还有一个现象值得注意：已经形成品牌的企业更多传播的是品牌本身，不会把大量传播资源放在对商品的促销上。品牌力不强的商品才需要营销，加大传播力度，把资源放在打折、满减等促销手段上。

范瑞祯

品牌建设是维护消费者记忆的一个长期工程，就像一个人的本性人格，有很多显而易见的特性。市场营销更多是完成阶段性目标突破的手段，就像我们在不同阶段学习到不同技能的突破。

品牌建设是什么？

– 定义品牌的正确姿态 –

“品牌”一词来源于古代斯堪的纳维亚语 brandr，意为“燃烧”。当时的牧人和货品生产商会将加热后的印章烙至农场饲养的动物身上或加工品上。很明显，最初的“品牌”是用于识别的。

比如：人们看到牛身上有一个“A”烙印，就知道这头牛是A牧人饲养的；看到“B”烙印时，可轻易识别出那是B牧人饲养的牛。“A”和“B”就像识别型“品牌”，可分别代表两个生产商、两种“包装”，甚至两种产品品质。

所以很多人误以为，建设品牌仅仅是取个名字、设计个符号，然后放到产品或营销材料上就可以了。追根溯源，这么说也并没有错，只是过于简单了。

事实上，定义品牌还要充分思考它的价值、文化和个性。品牌是企业长期经营的结果，是一种无形却有价值的珍贵资产。

“现代市场营销学之父”菲利普·科特勒（Philip Kotler）在他的《市场管理》一书中写道：“品牌是一个名字、一种说法、一个符号或者设计，或者是以上所有这些的总和，其目的就是要让你的产品或服务跟竞争对手有所区别。”他认为品牌是一个全方位的营销武器，是涉及所有利益相关方的价值总和。

我较为倾向美国品牌顾问公司Level C的创始人马蒂·诺伊迈尔（Marty Neumeier）在著作《魅力品牌效应》（*The Brand Gap*）中提到的品牌定义：“品牌是消费者对于产品、服务或企业的整体直觉。”

整体直觉包括：用于识别的品牌名、Logo（标识）设计和其他视觉呈现；品牌的认知价值，如愿景、使命、定位；市场细分中的目标消费者、竞争差异化；营销战略，包含产品、服务、用户体验、定价、销售渠道战略等；营销战术方面涉及广告、促销、社交营销、代言人、网站等。

我在2018年的著作《营销长尾》[①]中曾提出：“今天的品牌，不是品牌主可以主动塑造的，而是消费者塑造的。”

– 非个人视角的品牌认知 –

试想一下，我们是怎样的人，其实并不仅仅取决于自我的认知，还要综合亲人、朋友、同事甚至陌生人的形容和评价，从而还原一个真实的自己。

个人资产的积累，包括在外形、衣着、谈吐、礼仪、行为、思想等方面给人的感觉，这些认知总和造就了每个人独特的个人品牌。

在商业社会，企业品牌的定义主要取决于消费者的视角，如消费者对产品包装、服务态度、标志设计、营销活动、用户体验以及在各营销触点的整体感受，这些都是品牌的构成要素。

德布·格博（Deb Gabor）在其著作《品牌是性感的》（*Branding Is Sex: Get Your Customers Laid and Sell the Hell out of Anything*）和《非理性忠诚》（*Irrational Loyalty: Building a Brand that Thrives*

① 《营销长尾》由中信出版集团出版。——编者注

in Turbulent Times）中都提到，如今大部分品牌高管，包括品牌总监和品牌经理，都没弄清品牌建设或品牌塑造的定义。她的主要观点有以下几个。

第一，强大的品牌可以为消费者解决困扰，助其展现积极正面的形象；让消费者感到被赋权，继而获得成就感，并在真实世界中成为被羡慕的“英雄人物”。

第二，品牌建设和塑造是与消费者培养朋友关系，产生情感联结。

第三，品牌塑造是不分时间、地点、场景的持续输出，是一个永无止境的建设过程，不是一次性的营销项目。

第四，为品牌取名、设计商标和符号、制定品牌手册，仅仅是品牌建设的一小部分，大多数人对品牌建设的认知还不够全面。

第五，很多品牌最后失败，究其根本是消费者不知道它是什么，又代表什么，因此对它的感情也就无从谈起，更遑论对品牌的追求和期望了。

– 建设有温度的品牌 –

消费者之所以喜爱某品牌，并对其保有忠诚度，是因为该品牌长期与消费者培养关系。品牌塑造，为的是满足消费者对产品功能和情感的双诉求。尤其在情感上，消费者要的不是冷冰冰的语言，而是温暖人心的触碰。比如一则温暖的品牌故事，可让消费者产生共鸣，为品牌打开一条通往消费者心中的路。

品牌要诉说的，不仅仅是自己的故事，还有消费者使用品牌时的故事。换言之，就是消费者在使用我们的品牌后，变得更好、更美、更厉害、更让人羡慕的故事。简言之，品牌要让消费者成为故事中的英雄，而自己则要成为消费者的粉丝，为消费者可以变得更好而努力。这才是品牌关联消费者的最佳途径。

因为在众多的同类品牌中，消费者是很难通过功能差异来区分品牌的，尤其对同质化产品，如果功能差异不明显，消费者自然选择性价比最高的。而品牌塑造，正是通过提供差异化的产品和服务、贴心的用户体验，甚至非雷同的商业模式，有效让消费者为品牌进行传播或推荐，从而让品牌资产增值。对于自己喜欢的品牌，消费者会心甘情愿付更高的价格。这种消费行为，也叫品牌的“非理性忠诚”（Irrational loyalty）。

- 消费者喜欢的，从来不是完美的品牌 -

消费者的非理性忠诚，类似男女间的恋爱关系。当爱上一个人时，无论对方有什么缺点，你都能体谅、包容，甚至处处维护。

强大的品牌，同样可以让消费者产生非理性忠诚，即便产品有缺点，消费者也不会轻易离弃。这类品牌除了苹果，国外还有亚马逊、谷歌、优步、Spotify（声田）、Zappos（美国一家卖鞋网站）、国泰航空等。究其原因，是消费者把自己代入了品牌。换言之，品牌完美与否，都不会影响消费者的美好憧憬。这些品牌并不是没有缺点（每个人都有缺点，每个品牌也都会犯错），但大多消费者会容许它们犯一点错，这是人性使然。

这就是品牌输出的情感利益远比功能利益更重要的原因，也是那些只塑造自己多厉害却忽略让消费者变厉害的品牌经常会发生品牌危机的原因。

– 每个人都是品牌经理 –

品牌建设并不只是品牌或市场部的工作，也并不是单靠广告或媒体传播就能实现的。任何部门或职能的人，其每日的工作输出都可以被看作品牌建设的一部分。

厉害的品牌，更懂得引导消费者创造营销内容（推荐、口碑）。消费者自愿为品牌代言，这样的品牌才真正强大。想想苹果手机，无数的狂热粉丝通宵达旦排队也要去购买最新款，高价购入也在所不惜。他们同样也是社交媒体上最活跃的一群人，持续为品牌发声，乐此不疲。从而得见，苹果是一个能让消费者产生非理性忠诚的强大品牌。

总的来说，品牌建设要尽早且频繁，更要兼具与消费者触点的持续沟通能力。无论是实体店的装修设计、店员服务、产品包装、广告创意、客服态度，还是线上平台的用户体验，都是品牌建设的关键，绝不能忽视。随着社交媒体的影响力越来越大，“品牌是什么”已不再是品牌主说了算的。品牌的主要塑造者，是消费者！

好好爱你的消费者，持续维系与他们的情感关系，这才是品牌建设的真谛！

总的来说，营销只是品牌建设的手段之一。但营销仍有其重要功用，除传播品牌信息外，重点是可以刺激销售。

美国宾夕法尼亚大学沃顿商学院营销学教授芭芭拉·卡恩（Barbara E. Kahn）在其著作《全球品牌力》（*Global Brand Power: Leveraging Branding for Long-Term Growth*）中，简明扼要地概括了品牌功能和品牌力是如何衡量的。其中引用了大量案例，来说明品牌力对企业成长的持久贡献，以此得出品牌建设的必要性。

营销界对品牌力的关注，始于1985年。当时可口可乐刚刚完成一次消费者调研，数据结果引导可口可乐改变了传统口味，推出新品New Coke取代传统口味可乐。新产品一经推出就引发了大众的强烈抗议，消费者认为New Coke不再是他们心中的可口可乐了。最后，可口可乐公司公开承认错误，换回传统口味后才挽回局面。

这次事件让可口可乐认清了一个事实：消费者喜欢可口可乐这个品牌，多于可口可乐这个产品，品牌是消费者对企业身份的认同，而不是产品。事实是，在无数次盲测中，消费者显然更喜欢百事可乐的口味，但百事在全球的市场份额从未超过可口可乐。这再次证明，品牌建设和塑造确实会影响消费者的喜爱程度和购买欲。

两个同质化产品，贴上不同的品牌标签，消费者会有不一样的期待，甚至完全不一样的感知。比如，饮用水、安全套、咖啡这些同质化严重的产品，消费者会因为品牌不同而认为它们的品质有差异，并愿意付不同的价格。产品的营销包装也会带给消费者不同的品质感受，品牌溢价由此产生。

营销是什么？

- 营销的职能 -

品牌大师格雷厄姆·罗伯森（Graham Robertson）在其营销畅销书《被钟爱的品牌》（*Beloved Brands: Playbook for How to Build a Brand Your Consumers Will Love*）中提到首席品牌官和首席营销官的工作范围。他们的工作范围主要包括 8 个类别：品牌定位、品牌故事、产品创新、购买时刻、用户体验、战略规划、企业绩效、企业文化（见图 1-1）。

不难发现，国内很多企业的品牌营销高管，不过是负责“购买时刻”中很小的一部分营销环节，甚至仅停留在产品推广层面，与品牌营销的绝大部分环节没有任何联系，这非常不合理。专业认知和格局上的局限性让企业将品牌放在了“执行”层面上，至于为什么执行、执行的内容与品牌的总体方向有什么关系，往往不求甚解。

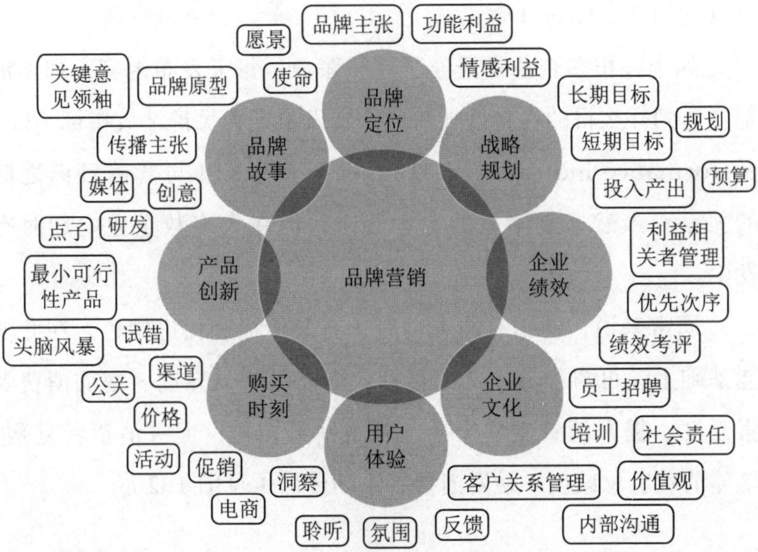

图 1-1　品牌营销的 8 种职能

其实，营销人的日常工作主要围绕着三个问题：为何做（why），做什么（what），如何做（how）。本书将重点围绕“为何做”和“做什么”展开。

- 明确营销目标 -

首先，要明确营销目标。对任何企业而言，都是要先有目标（objective）再有战略（strategy），先有战略再有战术（tactics）。然而本末倒置的是，很多营销人却先有战术（创意），再思考战略可以达到什么样的目标。

如今，很多企业都开通了双微账户，每天发布内容，却不清楚要达到什么目的；将增加粉丝和转发量定为关键绩效指标（key performance indicator，KPI），却不了解 KPI 与营销目标之间的关系。虽然这是明显的舍本逐末，但在大多数企业中却时有发生。

通常来说，营销有两大功能：有效传播和促进销售。在此功能基础上，可再细分出 7 个目标：提高品牌认知度、增加消费者喜爱度、提升消费者购买欲、刺激销量转化、促进消费者复购、培养消费者忠诚度、触发消费者主动传播（见图 1-2）。

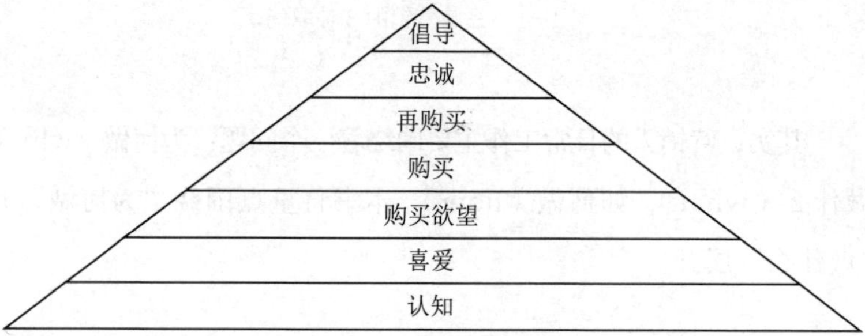

图 1-2　营销目标金字塔

– 营销人要掌握的关键增长点 –

如果大部分企业都将终极目标定为销售增长，那营销人必须掌握三个关键增长点：

第一，如何让消费者产生第一笔订单（流量）；

第二，如何让消费者重复购买（存量）；

第三，如何让消费者把产品推荐给他人，唤起更多消费者购买（增量）。

这三个关键增长点，决定了营销战略和营销人要做什么。

增加流量：我们在购物时会发现，一些商铺很难吸引消费者光顾或停留。店铺单方面将"想卖的商品"放到货架上展示，却并不关心消费者真正需要什么。即便有顾客进店，店员也只是进一步引导消费者购买店铺"想卖"的商品。这样根本不会为消费者创造价值。

营销人的第一任务是触发消费者主动进店，再为喜欢的商品买单。可以通过创意广告、促销、口碑等营销手段实现流量的增加。但最重要的还是建设品牌力和产品力，让新晋消费者特意跑来购买，而非偶然遇见。

维系存量：触发消费者第一次买单，只是小成就。为了让已有消费者反复购买，企业付出的所有努力被称为"维护老客户"或"维系存量用户"。

我发现很多B2C（企业对个人）的零售企业都忽略了这个重要工作，以为这是大公司或B2B（企业对企业）企业才需要做的，这大错特错！企业要具备的首要能力就是留存消费者，让已购买产品的消费者成为回头客。而营销需要推动的，正是让这群消费者主动且愿意反复购买。

而这又关乎第一次购物体验、产品用后体验、竞品客户的转换成本、品牌忠诚度、重复购买诱因、客情管理等策略。当然，这也与产品或服务的性质有关，不能一概而论。几乎只会销售一次的产品（如棺材、新人婚纱 / 摄影、大厦人工智能保安系统等），就不太需要留存战略。对大部分产品而言，增量才是营销工作的重要组成部分。

提升增量：顾名思义，就是让更多人购买。增量决定了销售总量，受三个变量影响：消费者数量、购买频率及客单价。

例如：一家超市日均 1000 位顾客，他们平均每周购物一次，人均消费 30 元。那这家超市的月均销售额就是 128571（$1000 \times 1/7 \times 30 \times 30$）元。

接下来，分拆三个变量参数确立提升目标，例如：将日均顾客量定为 1200 人，购物频率提至每周两次，单笔购物额增至 50 元。假如达成参数目标，那该超市的月均总销售额将会随之变成 514286（$1200 \times 2/7 \times 30 \times 50$）元。

只有营销人清楚目标，策略制定才会合理，营销的投入产出才有效。而营销策略包括线上线下的创意活动、推陈出新的产品、用户体验优化、关键意见领袖（KOL）推广、节日推广等。

参考图 1-3，品牌营销的主要功能是增加流量和提升增量，这是一个较长期的目标。而大部分品牌市场部的主要目标，却集中在了短期流量上。品牌在追求短期流量和增量时，大都会采取减价促销、奖励会员的战术，这样反而会伤害到品牌价值，继而影响销量的持久增长。

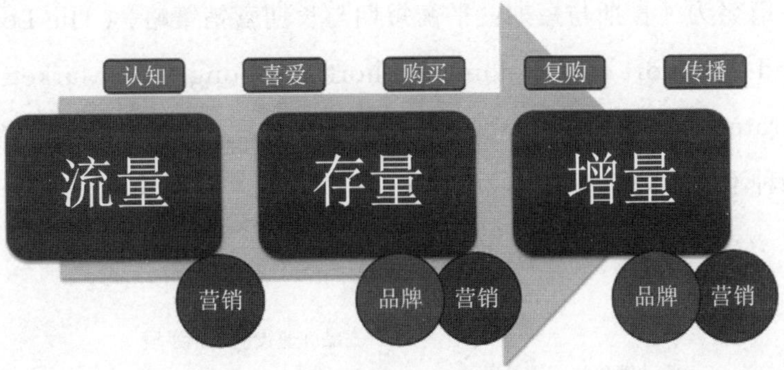

图 1-3 相互作用的营销关键点

- 营销目标下的差异化战略 -

要认识不同营销目标下的差异化战略，我们首先要区分驱动销售和品牌建设这两种品牌营销的战略目的。

以驱动销售为主要目的的营销战略，大都以推销产品功能利益点为主，其常见手段有新品发布、促销广告或活动、社交微商等；而以建设品牌为主的营销战略，其核心目的是赢得消费者喜爱，通过可触发消费者感性共鸣的品牌广告或用于社交媒体上的互动海报、视频等加深消费者对品牌的印象。

一般来说，以驱动销售为目的的营销手段，确实可以在短期内提升销售额。但长期而言，以品牌建设为目的的营销手段，可以提升销售的持续增长力。

比内特（Binet L.）和菲尔德（Field P.）在于2013年发表的一篇名为《长期与短期：平衡短期与长期营销策略》（The Long and the Short of It: Balancing Short and Long-term Marketing Strategies）的论文中，展示了图1–4并对其进行了说明，对比了两种不同目的的营销手段所带来的短期及长期销售效果。

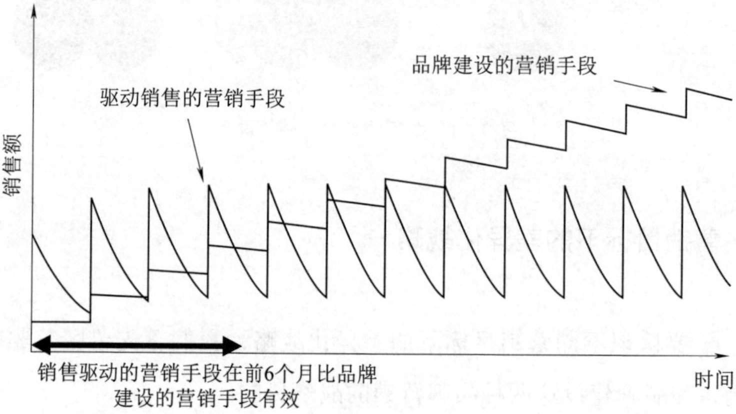

图1–4　驱动销售和品牌建设两种营销手段的销售效果对比

很明显，以驱动销售为主要目的的营销手段，在短期内也许可以刺激销售，但很难带来长期销售额的增长；而以品牌建设为目的的营销手段，短期内可能无法取得较明显的销售增长，但在长期来看可为销售额的增长蓄力。

成功塑造品牌的

22条黄金建议

1 品牌个性必须全球一致，产品和营销手段必须匹配当地市场文化，并适应当地市场需要。

2 品牌跟产品是两回事，不可混淆品牌建设和营销行为。

3 消费者的需求各不相同，不要误以为一种产品可以满足所有人的需求，这就是进行市场细分的必要性所在。对目标消费群进行细分，再用大比例营销资源去满足他们的需求，这才是最佳的营销战略。

4 消费者在大部分时间里，都只关心自己的生活。所以，品牌必须融入消费者的生活，跟他们一起呼吸，与他们保持高度相关性。

5 品牌必须保持新鲜感，让消费者感到品牌的存在与趣味性。

6 强大的品牌在与消费者沟通时一定要具备高度识别性，绝不能让他们有模糊的感觉。所以，品牌个性、沟通腔调都必须深刻、一致且容易唤起联想和回忆。

7 强大的品牌一定要给消费者提供有温度、刺激和好玩的感受，同时还要为消费者提供安全感和社会认同。

8 要得到消费者信任，就一定要诚实。

9 要得到消费者信任，就要善于社交，与消费者频繁互动，赋权消费者使其可以对品牌进行表扬或批评，绝不能高高在上。

10 强大的品牌会拥有较高的消费者忠诚度，粉丝更会自发成为品牌的推销员和倡导者。

11 建立一个忠诚而活跃的社群，让消费者建立对品牌的喜爱，并拥有感同身受的品牌仪式感，甚至对企业社会责任感的关注。

12 “游戏化”（gamification）是一种可增加消费者品牌黏度的营销手段。趣味性可触发消费者与品牌之间的参与度。

13 忠实用户是品牌的重要资产。品牌应该集中资源向忠实顾客倾斜，而非一味地获取新顾客。让忠实用户推荐新顾客，才是社会化营销时代的不二法门。

14 客户关系管理的重点是“关系”，不是“管理”。其目的不是提升管理效率，而是让忠实顾客“更忠诚”，让他们主动为品牌发声。只有这样产出投入比才会提升。所以，不要定错误的 KPI。

15 有人说，品牌就像“专利”，每个品牌都有其独特之处，即所谓的“独特销售主张”（unique selling proposition，USP），这是其他品牌无法抄袭的。与其寻找独特卖点，不如深耕品牌的独特主张（unique brand proposition）和蓝海定位（blue ocean positioning），让市场竞争变得无关痛痒。

16 对品牌而言，最怕的是误将根本不存在的消费者定义成了目标受众，其次是不区分目标受众，自以为所有人都是自己的消费者。

17 用简明扼要的一句话形容品牌，并将其精准钉进消费者心智。

18 记住，品牌主并不拥有品牌，品牌是消费者拥有并塑造的，消费者才是品牌的英雄！

19 关注用户体验及消费者购物过程，将成为品牌未来的营销趋势。

20 品牌要重点关注的不应该是产品功能，而是消费者感受。

21 销售人员未来的工作重点不是销售，而是客户关系的建立与维护。

22 品牌也是社会公民，所以必须具有企业社会责任。

本书将从不同维度探讨“品牌心法”。第1章首先跟读者理清品牌建设和营销的区别。因为搞不清这两个概念，就永远不知道如何建设和塑造品牌，也会永远陷入不断花钱买消费者的困境。

在第 2 章，我们会讨论至关重要的品牌使命对一个品牌的长远发展方向及品牌价值的影响。在第 3 章，我们会探讨在今天的市场环境下，消费者取代品牌去塑造品牌的问题。今天的品牌塑造已经不再是品牌所能掌控的，消费者能够发布品牌信息，影响其他人的购买决定，所以品牌要学会怎样经营消费者。在第 4 章和第 5 章，我们分别从品牌与消费者之间的联系力，以及消费者与消费者之间的社群关系，去讨论品牌应该如何通过消费者去塑造自身。第 6 章、第 7 章和第 8 章，分别以三种消费者视角，即消费者感官、用户体验、品牌故事，说明品牌如何在消费者心智中定位，让他们记得、喜欢甚至引起他们的购买欲望。在第 9 章，我会讲创业品牌或者发展中的品牌，如何通过我设计的挑战者品牌建设模型，挑战市场上的强品牌。最后在第 10 章，我会从一个已经建设起来的品牌的视角，描述成为一个长青企业需要注意的思维模式和心态准备。

案例分享：
汉莎航空——在这里遇见改变（2019 年）

– 背景 –

伴随消费升级的市场趋势，国人对品牌和产品有了更高要求。但在长途飞行这一相对低频的高消费项目上，消费者却鲜有机会对比不同航空公司间的产品。对消费者而言，每笔飞行订单都是一次重大决定，所以航空公司在品牌和产品差异化方面的营销就变得尤为重要。

汉莎是连接中欧两地、拥有最多航线选择的国际航空公司，但随着消费者的选择增多，汉莎面临的竞争也随之加剧。国内航空公司因主打廉价机票被国人熟知，而国际航空公司则普遍聚焦高端市场，通过服务、餐饮、空中娱乐产品等卖点抢占中国市场。

区别于主打性价比的国内航空公司，以及聚焦高端服务的国际航空公司，在竞争重围中有所突破，既彰显对中国市场的独特认知又提升品牌好感度，成为汉莎航空的重要课题。

– 核心洞察 –

在各大竞争品牌都以航空产品和服务性价比吸引消费者时，以丰富生活为使命的汉莎航空希望以深挖消费者痛点的独特视角，跳出固有思维圈，另辟蹊径打造品牌差异化。

旅客痛点：到此一游 vs 尽情融入

国人对体验感的追求日渐升级，但当真正出游时，依旧停留在“到此一游”的阶段。走马观花式的景点打卡、下车拍照、尽早修图分享到朋友圈，一分钟都不愿意浪费，这样往往错失了与目的地的深度交流，未能融入真实的美好，难免留下遗憾。

汉莎航空主张："旅游是一场人生体验。"充分感受当地的异域风情，到过的每一处风景都值得全情投入。也许在一次旅行中，你在不经意间就改变了自己对人生的态度、对美好事物的追求，又或者邂逅了一个更好的自己。汉莎航空希望自己不仅仅是旅客的搬运工，更期待将每位旅客送往可改变其一生的目的地。

- 核心创意：在这里遇见改变！ -

三段真人真事分别发生在法国勃艮第、挪威罗弗敦群岛和墨西哥城的旅途中。品牌短片以"有些地方可以改变你的一生"为开篇，通过闪回交叉目的地的拍摄方式，给观者带来了直击心灵的风光享受；同时，透过主人公的视角，展示了一场因目的地而改变的心路历程。三处极具风情特色的小众目的地，成功勾起了观者想要亲身探寻的冲动。品牌短片的创意表现，既唤醒了旅客对周游世界的情感憧憬，又进一步凸显了汉莎航空的航线优势，即连接欧洲 500 个目的地的实力。

- 传播策略及实施 -

1. 预热——抛出问题，官宣态度，引发热议

在品牌战役的预热阶段，汉莎借助知乎平台，创建了问答专题页，以"你有没有因一次旅行而改变了人生轨迹？"为题，先期

引发网友互动，继而推出创意主题“在这里遇见改变”，进一步向网友征集改变人生旅途的故事，同期在站内推流为话题导流，成功吸引网友的广泛关注。

2. 升温——声音攻陷，娓娓道来，渐入人心

品牌广告分别在院线、视频网站、社交媒体及信息流平台上震撼登场，并借助开屏广告、户外硬广等投放手段，最大化引爆传播范围。

达成与喜马拉雅 FM 及两名热门主播的合作，共同推出一档音频栏目，透过主播富有感染力的嗓音，为听众讲述一段段来自世界各地的奇幻旅程。而音频素材，取材于汉莎航空的真实客户，他们将新奇见闻在预热期分享到了知乎平台，被品牌捕捉到后，又进一步呈现到了更多听众面前。

3. 压轴——线下论坛，聚焦人群，收割口碑

当音频节目与社交平台上的热议达到高潮时，汉莎航空又达成了与澎湃新闻的深度合作，通过高端新闻媒体，触达以前难以接触的高净值人群。

同期，在有“江南水乡”之称的乌镇，举办一场线下论坛，并特别邀请到汉莎航空营销副总裁及三位提供了“改变人生故事”的嘉宾。汉莎已将这些真实故事整理成书，并就此展开一场“遇见改变”的主题探讨。此次论坛吸引了各大媒体争相前来报道，为本次品牌战役画上了完美的句号。

- 达成效果 -

这次品牌战役既为汉莎航空带来大量曝光，又让其成功在目标人群心智中确立了高端、高质量、专业等差异化的品牌认知，其具体成果主要有以下几项。

第一，在《品牌健康度指数》调研报告中，汉莎领跑各大国际航空公司，荣登消费者首选第一品牌。该项数值同比增长 16%。

第二，超过 82% 的受访旅客表示，汉莎是提供高端服务和专业品质旅程的航空公司代表，在国内外各大航空公司中排名第一。

第三，对汉莎品牌理念的认同度，在商务与休闲旅客心中，攀升了 25%。

大家这样说：

张墨让

短期看这是汉莎航空的一个营销案例，从长期占领国人心智的高端品质的标签来说是个品牌建设案例。营销侧重一场活动后的盈利、目标受众好感度的提升和用户的选择。品牌建设带来的直接利益是对品牌的认知、定位及形象标签的树立等。好的品牌会兼顾品牌建设和驱动销售两个目的，而非非此即彼的选择。

赵楠

汉莎航空这场营销战役更偏向于品牌建设。从这个案例的描述看，这一系列的活动并没有侧重关注活动结束后能实现多少盈利或增加多少流水等用结果去衡量的指标，也没有刻意设置能够以直接促使消费者去做购买动作为目的的环节，而是更在乎活动之后消费者如何去认知这个品牌。就好像两个人，A 和 B 之间，A 做了很多事情，他更在乎的是通过这些事，B 如何来评价自己；或者说 A 更在乎通过这些事能不能让 B 得出自己想要的评价，而不是通过这些事直接、马上和 B 实现价值交换。至于这次品牌建设最终能实现商业价值，应该是水到渠成、顺理成章的事情。所以，品牌建设和营销也不是楚河汉界划分得这么清楚，而是相辅相成的！

戚芸云

我认为汉莎航空的“在这里遇见改变”是个为实现品牌建设而进行的营销案例，因为汉莎航空做这个项目的目的，是增强品牌在中国市场的消费者认知和差异性，提升消费者对品牌的认同感。这次营销活动的结果显示汉莎航空达到了目的，但是有无增加购买就不得而知了。而品牌建设是需要持续维护、持续产生影响力、持续与消费者沟通的，所以我认为要做到品牌建设，汉莎航空就不应该只做这一次营销活动。

赵麒

品牌建设存在于营销传播的每个环节，体现了品牌核心价值与识别，在消费者的心智中建立起清晰独特的品牌认知。是否可以这样认为，如果在过程中传递了品牌核心价值就是品牌建设，反之就是营销？汉莎的这次活动传播了核心价值是否就属于品牌建设？

企业采访：
点都德饼铺——不止传承，不断创新

采访者：吴骎

受访者：点都德饼铺负责人庄穗君

得知“点都德”将重新推出饼铺的独立品牌，我约了点都德饼铺掌门人庄穗君，在花城大道的“点都德”店铺见面饮茶聊天。进入店铺，天趟门、牌匾、对联、琉璃瓦、满族窗、鸟笼吊灯……立刻让人沉浸在浓郁的特色风情茶楼之中。

找个角落坐下，氤氲的紫砂壶工夫茶配上小炉滚水，要了即点即蒸装在青皮慈竹蒸笼里的金牌虾饺皇、蜜汁叉烧包、百合酱蒸凤爪，又要了“点都德”独创的日本青芥三文鱼挞、榴莲黄梅娘……特色茶单都没看完，就已经点了满满一桌。“点都德”的茶点果然样样出彩，这么多传统点心只能堂食，无法让外地的朋友也品尝到，实在太遗憾了。于是，庄穗君带领团队让“点都德饼铺”这个独立品牌重生，立志承担起广府饮茶文化传播者的角色。

讲“点都德饼铺”的故事，得先从老字号“点都德”说起。沈绍清先生创立的“点都德”始于1933年，其名字来源于粤语“点都得”，意为“怎样都没有问题”，体现了广府人随和务实的性格特征。时至今日，这不仅是一句口头禅，更是广州市家喻户晓的连锁茶楼品牌。“点都德”以创新的经营思维方式，不仅改变了茶楼一如既往的形象，更彻底改善了自己的产品及服务品质，以“不止传承，不断创新”为企业使命，并奉行“中点西点点典生辉，店德人德德得天下”的企业理念。

“点都德饼铺”就是在这“不止传承”中“不断创新”出来的子品牌。如何能让每一个来广州的游客在感受完粤剧、花街、凉茶、舞狮等“广府文化”后，同时将广府饮茶文化食品也打包带回去，是庄穗君一直在思考的问题。茶点由于工艺、材料限制，保鲜期较短，只适合堂食。因此，大家对广东糕点的印象还停留在保质期较长的“老婆饼”“沙琪玛”等上。这些产品“点都德饼铺”原来也有，但与广东其他饼家相比，并没有什么特色。如何才能突出“点都德饼铺”的不同之处呢？

于是，庄穗君做了一个大胆的决定，与时俱进地深化“点都德”的企业使命和理念——不止传承，不断创新：将原有的“点都德饼铺”品牌定位及运营全部推倒重来，闯出一条新的品牌建设之路，让“点都德饼铺”成为新式广府文化的传播者，让消费者吃到最好吃的广府文化食品，让“点都德”成为能够让广州人骄傲、传播、炫耀的品牌。

“点都德饼铺”将目标消费者定位为25~40岁的“吃货”和需要送礼的人，让购买者和收礼的人都能通过产品的包装、颜值和话题收获面子，这些人对价格敏感度不高，喜欢分享。我在与这些目标消费者的访谈中得知，促使大家愿意分享自己购买的点心的前三个原因分别为：第一，颜值（产品颜值、外包装设计）；第二，口味好；第三，产品的社交附加价值（明星或网红同款，有面子的社交货币）高。

因此在产品策略方面，点都德饼铺团队十分注重产品的包装、颜值和社交属性，创新开发与众不同的产品，甚至销售渠道也要打破常规。广府文化产品必须中规中矩吗？老婆外形的老婆饼是不是很有意思呢？采用全家福的包装，例如老公饼、老婆饼、儿子饼、女儿饼，消费者会不会耳目一新呢？把产品名称改为“考试过关”“百年好合”“一世有钱”……这样可以让消费者有买饼的心理动机，打破传统卖饼的逻辑，突破传统饼铺的老式卖饼分类、价格和渠道思维，让“点都德饼铺”成为众多竞争者中的异类——新广式文化标签。

庄穗君拿出一个装有六个三角盒子的透明袋，这么时尚的手提袋里装的是什么？原来是点都德饼铺即将上架的粽子，翠绿色包装的咸蛋肉粽皇、粉红色包装的碱水豆沙粽，这种包装的三角形外观及配色十分让人惊艳，粽子的独立包装开口处分别挂有“趋吉避秽”“端午安康”的小挂牌，让打开粽子包装的过程都充满仪式感，我完全被点都德饼铺粽子的颜值吸引了。庄穗君告诉我：点都德饼铺一定要推出超好吃的食品，这代表了品牌的味道，味道会让人联想到食品的品质，不得马虎！打开一尝，哇……软糯的糯米搭配香得流油的沙沙口感咸蛋黄，细腻绵甜的豆沙跟糯米的味道相互融合，让人停不下来。

吴骏：粽子什么时候能上市啊？

庄穗君：4月中旬，还有其他十几款学习日本工艺后再开发的新品。材料一定要用足、用好，这样才能保证让消费者有最好的口感。

吴骏：太期待了，在哪里能买到呢，我要买几袋送朋友品尝一下。

庄穗君：点都德饼铺产品只做电商预售，主要通过社交媒体，由顾客拍短视频来做社群营销，也接受企业内购业务；同时计划在广州永庆里一期开品牌形象店，让消费者在吃到最好吃的广府文化食品的同时，也感受一下新广式文化标签品牌，让点都德成为能够让广州人骄傲、传播、炫耀的品牌。

“中点西点点典生辉，店德人德德得天下”，庄穗君对点都德饼铺的品牌定位及运营的重新规划，使点都德的企业理论焕发了新的生机。对点都德而言，市场在变，消费者在变，唯有“成为值得广州人骄傲的新式广府文化标签”的初心不变。我们祝愿“点都德饼铺”在成为“让消费者买到可以炫耀的、高颜值的、好吃的广东特色产品，让送礼和收礼的都感到很有面子”的新广式文化标签品牌建设之路上给我们带来更多的惊喜。

第2章

品牌使命

Interbrand 和 BrandZ 的国际品牌观

每年，各品牌评估机构都会争相发布当年最具价值的品牌排行。其中备受瞩目的，当属 Interbrand 和 BrandZ 的品牌榜。

– Interbrand 的国际品牌观 –

我们先来看“Interbrand 2020 年全球最佳品牌排行榜”，表 2–1 是从该排行榜选出的前 20 名的品牌名单。

Interbrand 的研究方法

Interbrand 采用的是一套专为品牌价值而设计的评估体系。

该评估机构成立于1974年，现隶属宏盟集团（NYSE:OMC），是全球最大的综合型品牌咨询公司之一。1988年，Interbrand率先在业界启动了品牌价值研究，其品牌价值评估体系也首次获得ISO国际认证，其分析方法被业界公认为最具特殊价值的管理工具，深受商学两界认可。

表2-1　Interbrand 2020年全球最佳品牌排行榜前20名

排名	品牌	排名	品牌
1	苹果	11	宝马
2	亚马逊	12	英特尔
3	微软	13	脸书
4	谷歌	14	IBM（国际商业机器公司）
5	三星	15	耐克
6	可口可乐	16	思科
7	丰田汽车	17	路易威登
8	梅赛德斯奔驰	18	SAP（思爱普）
9	麦当劳	19	Instagram（照片墙）
10	迪士尼	20	本田汽车

Interbrand评估体系的评估基础

Interbrand评估体系主要有三项关键指标，这三项关键评估指标分别是：品牌产品和服务的财务表现；品牌在决策购买中所承担的角色；品牌竞争力和建立忠诚度的能力，即未来可持续创造需求和利润的基础。

Interbrand的上榜条件

Interbrand的榜单中通常难觅中国品牌的身影。即使跻身榜单的华为，也只排到了第80位。其他国内知名且盈利甚丰的品牌，如阿里巴巴、腾讯、顺丰快递、百度、联想、中国工商银行等，也都未进入前100名。或许，我们可以从Interbrand的上榜条件中寻找答案。

根据Interbrand的研究机制，要成为全球最佳品牌，首先要是跨国经营的企业，且真正具有国际化实力，即经营范围不仅要在亚欧和北美地区占据重要地位，还要广泛涉足新兴发展中国家和地区的市场。此外，品牌的直接受众必须是大众消费者。

此规定一出，直接排除了那些仅在本国经营的品牌，哪怕它们在本国拥有一定声誉或市场份额也不行。此外，受众为非大众消费者的控股公司或B2B企业也一律没有参评资格。

其次是财务要求。企业的财务信息要足够公开，才能准确评估。这也是榜单上的品牌大多是上市公司的原因。不过，上市与否并不是绝对标准，因为即便是上市公司，仍有经营业绩含混不清的情况，所以财报清晰才是硬性标准。如果财报足够清楚，像华为这种对财务真实性和公允性绝对负责的非上市公司也是可以进入Interbrand排行榜的。此外，公开财报的品牌还要保持长期盈利的状态，且30%以上的收入来自国外市场。

只有符合以上条件，才能算是合格的“全球品牌”。

了解上榜条件后，我们大概就能判断出，阿里巴巴、腾讯、百度这些在中国家喻户晓的品牌为什么会在 Interbrand 榜单外了。

- BrandZ 的国际品牌观 -

再来看“2020 年 BrandZ 最具价值全球品牌 100 强”排行榜，表 2-2 是从该排行榜中选出的排名前 10 的品牌名单。

表 2-2　2020 年 BrandZ 最具价值全球品牌 10 强

排名	品牌	排名	品牌
1	亚马逊	6	阿里巴巴
2	苹果	7	腾讯
3	微软	8	脸书
4	谷歌	9	麦当劳
5	维萨卡	10	万事达卡

BrandZ 是全球最大营销传播集团 WPP 旗下 Millward Brown 品牌战略顾问公司的品牌资料数据库。

自 1998 年起，BrandZ 每年发布全球最具价值品牌榜。它的品牌价值评估方法，较 Interbrand 的评估方法存在巨大差异。有两家中国品牌跻身该排行榜前 10，它们分别是阿里巴巴和腾讯。首次在 BrandZ 榜单中崭露头角的中国品牌是中国移动，中国移动于 2006 年进入该榜单，此后中国品牌一路走俏。

BrandZ 的评估标准

BrandZ 的评估标准主要有以下几点。

1 采用业内独有的调查方法，即以衡量消费者忠诚度为基础的定量问卷调查和研究方法。

2 采用“面向市场”的方法，即受众必须是大众消费者，而非面向企业的品牌。

3 以 BrandZ 品牌资产数据库为基础进行追踪研究，从而评估出品牌关系强度和发展。此数据库几乎囊括了全球所有品牌，通过长达数十年的数据追踪，信息量惊人。

4 除评估全球品牌外，BrandZ 还设立了各国单独的品牌评估，旨在充分发现和评估那些因国家市场限制，而错过全球品牌参选的优秀品牌。

总的来说，BrandZ 品牌榜采用的是类似于财务分析师和会计师采用的、适用于企业的评估方法，即预估品牌的现有价值，对企业未来销售额和利润增长比率进行预判。两者的区别在于，财务分析师和会计师的评估方法是涵盖整个企业的，而 BrandZ 仅对品牌所产生的销售额和利润部分感兴趣。

BrandZ 的价值产出

BrandZ 的价值产出主要表现在三个方面：

第一，财务价值，即品牌创造的总价值；

第二，品牌贡献，即品牌资产对消费者购买决定的影响；

第三，品牌动能，即品牌的未来增长潜力。

BrandZ 的评估维度

BrandZ 的评估方式中没有“全球化”限制，还单独为每个国家和地区提供了专属的品牌价值排行榜。

在中国，“BrandZ 最具价值中国品牌 100 强”的研究工作由凯度集团（Kantar）开展，其采用的方法依旧遵循“BrandZ 最具价值全球品牌 100 强”的评估原则。

“2020 年 BrandZ 最具价值中国品牌 100 强”的研究数据，结合了彭博社市场积累数据和全球 380 多万次消费者访谈研究，访谈共覆盖 51 个市场上 17500 多个品牌。2020 年，全球最有价值的百强品牌在席卷全球的新冠疫情下，更显现出了强大的韧度和小幅度的波动，下跌幅度也低于全球平均数，可见强势品牌在危机面前的抗风险能力。

中国品牌的高光时刻

“2020 年 BrandZ 最具价值全球品牌 100 强”排行榜中国品牌上榜名单见表 2–3。

评估方式的差异性直接影响了品牌的上榜率。相较在 Interbrand 百强名单中的贫瘠，中国品牌显然更受 BrandZ 青睐，这一点从中国品牌 17% 的品牌占比可见一斑。

表 2-3　2020 年 BrandZ 最具价值全球品牌 100 强中国品牌上榜名单

2020 年排名	2019 年排名	品牌	类别
6	7	阿里巴巴	零售
7	8	腾讯	科技
18	35	茅台	酒
31	29	中国工商银行	金融
36	27	中国移动	电信
38	40	平安	金融
45	47	华为	科技
52	66	京东	零售
54	78	美团	生活
58	59	中国建设银行	金融
64	71	滴滴出行	交通
68	89	海尔	物联网生态
69	82	中国农业银行	金融
79	新上榜	抖音	娱乐
81	74	小米	科技
91	63	百度	科技
97	新上榜	中国银行	金融

有趣的是，跻身 Interbrand 排行榜前列的华为在 BrandZ 排行榜中的表现（排名第 45 位）远落后于排名第 6 位的阿里巴巴及其他 5 家中国品牌，品牌价值也仅是阿里巴巴的 1/5。回顾 BrandZ 的评估方法，这样的结果就很耐人寻味了。

另一个发现是，双榜单中苹果、亚马逊和谷歌均位列前面，这样的强势霸榜，有什么值得中国品牌学习的呢？

大家这样说：

黄广懿

品牌价值应该从多个层面去分析，比如文化价值、社会价值、商业价值，所以从综合性来看，Interbrand 排行榜不是很准确。而且对于全球受众来说，各个区域又有所不同，例如亚马逊退出中国市场，国人并没有什么感觉，但要是阿里消失了，大家会极度难受。

张宸钰

对消费者而言，各品牌评估机构的排行榜有一定参考性。如果一个品牌和我没关系，我不会关心它的排名有多高，能让我更健康、更开心、更美、更自信、更方便的品牌商品即使不在排行榜上我也会买，我不用的商品品牌排名再高我也只是看看。品牌价值体现在消费者喜欢不喜欢、愿意不愿意持续购买并推荐给其他人。

蒋子翰

我个人无法很好地理解这些机构所给出的品牌价值的评估结果，不知道它们是不是根据品牌的营收、利润或者和其他财务数据结合起来得出的结论。各个行业针对的目标受众不同，有面向企业的（to B），有面向消费者的（to C），还有面向政府的（to G），这些机构给出的品牌价值数据，其参考价值和参考意义我看着挺莫名的。

戚芸云

我认为这些机构做的品牌价值排行榜有参考价值，因为它们都是参照某些数据维度来评判的，这些维度可能是品牌的财报、股价等。我们做品牌的初心是为消费者创造价值，所以这些机构是否可以增加投票专栏，让消费者投票参与决定他们喜欢的品牌是什么，这是另外一个值得考量的维度。

王卫东

站在品牌的角度，排行榜只是一个参考，或者说，消费者心中的品牌排行和机构给出的排行榜是两回事。因此，这些排行榜不可信！品牌价值反映在社会价值、企业价值、团队价值、产品价值、服务价值，以及给消费者带来的体验上。品牌价值是产品之外的价值。

科技巨头的清晰定位

纽约大学教授斯科特·加洛韦（Scott Galloway）写了一本吐槽四大科技巨头的书，书名为《四巨头：亚马逊、苹果、脸书和谷歌中隐藏的基因》（*The Four: The Hidden DNA of Amazon, Apple, Facebook and Google*）。这本书观点奇特，除了前文中曾提到的亚马逊、苹果和谷歌外，还写了脸书（Interbrand 榜单排名第 13 位，BrandZ 榜单排名第 8 位）。下面，让我们一起来了解一下这四巨头的“槽点”。

– 亚马逊 –

1 全世界最会讲故事的品牌，就算业绩欠佳，依旧是金融圈的宠儿。市盈率不按常理出牌，却也造就了大股东贝佐斯的世界首富地位。
2 在研究降低成本的同时，热衷创造和提供更丰富的货品，以及最佳快递服务。
3 持续挑战经营迭代，快速试错，直至成功。
4 重点关注的指标，从不与收入和利润挂钩。
5 主要指标：最佳电子商务、用户到实体店和在网站浏览的体验。
6 没有任何一家企业，单靠线上商城就可以成功，消费者需要逛实体店的切实感受，以及人与人之间交往的情感诉求。

7 淘汰一个个大型传统零售商。

8 最赚钱的生意是云服务，从来不是线上零售。

9 积极研发人工智能，以及 Alexa 和 Dash 这样便于消费者体验的“场景购物”服务。

10 未来可期，通过人工智能进一步优化购物体验，从先买单后送货（Shop-to-ship）模式，继而实现先送货后买单（Ship-to-shop）的跨越。

– 苹果 –

1 最接近“神”的品牌，所有产品几乎皆可点石成金。

2 创造历史上市值超 1 万亿美元的头号品牌。

3 创始人乔布斯倾力造就的不是一家科技公司，而更像一个艺术品牌。科技只是品牌的表象，创始人的高度审美观，铸就了艺术奢侈品的品牌灵魂。

4 线下苹果店最主要的功能，是成为消费者的“神殿”。在店内体验时，消费者可切身感知品牌的魔力：近可触，远可见，鼻尖萦绕，品牌如影随形。

5 2016 年，苹果手机在全球手机市场的占有率仅为 14.5%，但其创造的净利润却占全球手机品类的 79%，细思极恐。苹果从不将眼光放在对市场份额的追逐上，一直追求的都是利润最大化。就利润而言，三星、华为、OPPO、小米等，对苹果只能望其项背。

6 五大特色：教父级创始人、匠师级工业设计、垂类整合渠道、全球视野、奢侈品定价。

– 脸书 –

1 愿景深得人心：让世界相连（Connecting the world）。

2 全球最大社交网络平台，除个别国家和地区，无远弗届。

3 每日，全球超20亿人活跃在脸书上，源源不断的社交数据（social data）汇入整个平台。

4 这些社交数据，成为脸书的赢利资产，为品牌主精准投放提供依据。

5 释放了人类天性中对八卦、好奇、分享、玩游戏等的爱好，继而促成量级叠加的联系网、信任和社交资产。

6 易于被政治家利用，成为传播工具。

7 不识真伪，对陌生人或企业的辨真难度较大。

– 谷歌 –

1 全球最大的搜索工具，伴随用户和搜索量的急剧增加，谷歌所掌握的信息助其成为无所不知的“神”。特别要留意其旗下的 YouTube（优兔），YouTube 是全球第二大搜索工具。

2 用户在产生搜索需求时，为准确获取答案，其真实意图通常是不加修饰的。因此，谷歌所掌握的用户需求信息真实且精准。

3 谷歌的非官方座右铭："不作恶"（Don't be evil）。

4 谷歌是全球最大的媒体平台，也是最大的广告平台。广告是谷歌最大的收入来源，但谷歌的搜索结果排名不会被广告主的竞价所左右。

5 如今的品牌使命是搜集并处理所有信息，结果将被应用于推动世界发展。未来，会朝着人工智能和深度机器学习的方向发展。

6 大数据的累积帮助谷歌研发出了谷歌汽车（Google Car）、谷歌地球、谷歌地图、安卓手机系统及突破性的创新科技。

通过对四大巨头的描述，我们可窥得它们对 Why、What 和 How 的清晰定位。当规模不可同日而语时，扩张自成不可逆之势，而品牌使命将会指引着它们不断向前。

- 驱动向前的力量 -

品牌的初心是愿景和目标的支撑，通过长期努力，为消费者甚至人类大理想，创造可持续价值。

1. “三巨头”的品牌愿景、使命、价值观

亚马逊、苹果、谷歌的品牌愿景、使命、价值观见表 2-4。

表 2-4 “三巨头”的品牌愿景、使命、价值观

	亚马逊	苹果	谷歌
愿景	成为全球最以客户为中心的公司，使得客户能够在线查找、发现和购买任何东西	让科技变得简单，让每个人都可以融入不断进步的生活科技里	致力于创建有用的、快速的、简单的、有吸引力的、创新的、适合大众的、漂亮的、值得信赖的、个性化的应用
使命	让人们可以通过简单的网络操作获得具有教育性、信息性和启发性的商品	不断创造伟大而具有设计感的产品，让人们可以用最简单的方式使用生活科技	整合全球信息，使人人皆可访问并从中受益
价值观	客户第一 主人翁意识 创新并保持简单 坚持正确地做事 招聘并培养最优秀的人 坚持高标准 富有全局观 积极行动 节俭 自我批判 赢得信赖 深入细节 可被信赖 交付结果	简单 专注 创新 设计美感 授权 通过热情让世界变得美好	以用户为中心 心无旁骛、精益求精 快比慢好 网络的民主作风，获取信息的方式多种多样，不必非要坐在电脑前 不做坏事也能赚钱 信息永无止境 信息需求没有国界 不西装革履也可以很正经 没有最好，只有更好

2. 使命必达的惊人之举

下面，我们一起来看一下亚马逊、苹果、谷歌的发展历程（见表2–5）。

表2–5 “三巨头”发展分析

	亚马逊	苹果	谷歌
创始人	杰夫·贝佐斯（Jeff Bezos）	史蒂夫·乔布斯（Steve Jobs） 史蒂夫·沃兹尼亚克（Steve Wozniak） 罗·韦恩（Ron Wayne）	拉里·佩奇（Larry Page） 谢尔盖·布林（Sergey Brin）
创立日期	1995年7月16日	1976年4月1日创立苹果电脑公司，2007年改名为苹果公司	1998年9月4日创立谷歌；2015年成立Alphabet控股公司，谷歌成为子公司
重要里程碑	1995年创办电子商务网站，专门售卖书籍； 1997年上市； 1998年成立电子音乐网店，并且开始扩张到其他品类； 2005年推出Amazon Prime会员服务； 2006年推出AWS云服务，该业务成为亚马逊最赚钱的事业； 2007年推出电子阅读器Kindle； 2011年推出Amazon Fire平板电脑，并收购了电子机器人公司Kiva Systems；	1976年推出Apple I电脑； 1977年推出Apple II电脑（人类历史上第一台个人电脑）； 1984年推出图像界面的Apple Macintosh电脑； 1985年乔布斯离开苹果公司； 1997年乔布斯重回苹果担任舵手； 2001年推出iPod音乐播放器，推出iTunes网络付费音乐下载系统，开设苹果零售店； 2002年推出iMac电脑； 2007年推出iPhone智能手机；	1999年谷歌搜寻网站正式上线； 2004年上市； 2006年收购影音共享网站YouTube； 2007年开发开源手机操作系统Android安卓； 2008年谷歌地图卫星发射升空； 2012年收购摩托罗拉移动； 2013年收购导航软件公司Waze；

续表

	亚马逊	苹果	谷歌
重要里程碑	2014年发布手机Fire Phone，推出智能音箱Echo，通过人工智能家居语音助手Alexa，协助解决各种简单生活问题，至今已经覆盖了40%的美国家庭； 2015年成为全球最大百货零售商； 2019年推出无人超市Amazon Go，并尝试无人机快递服务； 今天，在美国的电子商务市场占有率约为50%	2009年推出MacBook电脑系列； 2010年推出iPad平板电脑； 2011年推出iCloud云服务； 2012年成为全球市场价值最高的企业，乔布斯去世； 2014年推出Apple Watch可穿戴智能设备	2013年在新西兰发射30个气球升空，开发"潜鸟计划"，为日后提供南半球国家居民免费上网服务做准备； 2014年参与开发太平洋海底光缆系统； 2015年推出Google Glass，年底推出人工智能围棋大师Alpha Go； 2018年入股京东
如何改变世界	改变了欧美消费者的购买行为，也改变了欧美零售业的整体生态	把个人电脑带进每一个家庭； 把智能手机普及化； 改变了音乐行业的营销生态； 开拓了App开发行业； 把平板电脑普及化； 重塑了零售店的装修和功能	全世界最多用户的搜索引擎； 全世界最多用户的邮箱系统Gmail； 全世界最多用户的影音分享网站YouTube； 全世界最多用户的手机运作系统Android； 开发无人驾驶的Google Car 唯一的实景地图Google Earth

3. 愿景，改变世界

如今已经无法想象，没有互联网、手机、搜索引擎、导航系统、电子商务、视频网站的日子会是怎样的。正是这些怀揣远大愿景的品牌改变了世界，推动了社会进步并颠覆了过往大众的生活方式。它们以为消费者创造价值和推动社会进步为使命，让一切惊天之谈变得触手可及。

当然，也不能抹杀了近二十多年其他品牌的贡献，包括微软、脸书、阿里巴巴、百度、特斯拉、腾讯……这些品牌的出现，塑造了我们的生活、工作、行为、习惯，以及社会变迁和营商生态的方式。它们都有一个共同特征，就是不断追求伟大愿景，不做以短期赢利和追逐市场份额为驱使的获利机器。

在成为伟大的企业之前，要先成为一个伟大的品牌。在大格局视野下，企业要投身一场没有终局的比赛。

– 亚马逊的品牌观 –

1. 致股东信的魅力

许多企业在发布年度财报时，会附上一封致股东信。其中比较知名的，当数沃伦·巴菲特和查理·芒格联合创办的伯克希尔·哈撒韦（Berkshire Hathaway）公司。这家公司给股东的信中会清晰写出公司的投资理念和对投资市场的观点，而这些宝贵经验可称得上是全球大小投资者的指路明灯。

另一封霸气十足的致股东信，要数亚马逊的了，这封信还被刊登在了报纸上。信中除营运数据外，其独具魅力之处在于创始人贝佐斯的特色张力，他会将商业市场的观点、应对之策，以及未来发展方向等一并附到信中受世人检视。他在信中谈及经营理念时的口吻，更像是和股东对话，而非传统认知中的郑重其事。

此外，每年除既定的致股东信外，还会附上 1997 年的致股东信，这是亚马逊历史上第一封致股东信，为的是让世人和股东们始终铭记亚马逊的初心未改：把所有资源和精力都放在为消费者创造价值上。值得注意的是，亚马逊的初心从来不是为股东创造短期利润。

2019 年亚马逊致股东信（节选）：

……在亚马逊成立之初，我们就知道自己想要创造一种建设者——拥有好奇心的人，或者说是探险家——的文化。他们喜欢发明，哪怕他们是专家，还是抱有跟初学者一样“新鲜的”心态。他们认为，我们做事的方式应该是专注于当下。建设者的心态能帮助我们以一种谦卑的信念来对待巨大、难以解决的机会，明白可以通过迭代的方式来取得成功：发明、启动、重新发明、重新启动、重新开始、抹除、重复、一次又一次地重复。他们知道，通往成功的道路绝不是一帆风顺的。

在商业活动中，有些时候（经常是在实际中）你知道自己要去哪里，就可以变得更有效率，制订计划并加以执行。相反，在商业活动中“徘徊”（wandering）并不是有效的……但也不是随机的，而是由直觉、好奇心和强烈的信念所引导的，这种信念认为顾客的价值是足够大的。为了找到出路，我们有必要保持一点混乱和不那么切题的态度。“徘徊”是对效率的一种必要的制衡，你需要同时采用两者。超大的发现——也就是那些“非线性”的发现——很可能是需要“徘徊”的。

……如果没有一种充满好奇心的文化和为客户尝试全新事物的意愿，那么这一切都是不可能做到的。客户正在响应我们以客户为中心的“徘徊”和倾听——AWS（亚马逊云服务）现在已经成为一项年收入高达300亿美元的业务，并且正在快速增长。

……今天，亚马逊在全球零售业中仍是一个小角色。我们在零售市场中所占的百分比很低，而且在我们经营的每个国家和地区都有大得多的零售商。这在很大程度上是因为将近90%的零售交易依然还在线下，是在实体商店中进行的。多年以来，我们一直在考虑如何在实体店中为顾客服务，但我们认为，首先需要发明一种能够真正让顾客在这种环境中感到高兴的东西。随着亚马逊的发展，我们有了一个清晰的愿景，那就是让顾客摆脱实体零售中最糟糕的一件事：结账。没人喜欢排队，而我们设想了一种商店，在那里顾客可以拿自己想要的东西，然后离开。他们形容在Amazon Go购物的体验是“神奇的”……

……接下来是我要说的最后一件事。正如我在20多年前发出的第一封致股东信中所说，我们的重点是要招聘和留住那些多才多艺的、能像老板一样思考的员工。要做到这一点，就需要对我们的员工进行投资。就像亚马逊的许多其他事情一样，我们在这方面不仅需要分析，还需要直觉和热诚来找到前进的道路。

……亚马逊各地的团队都在倾听客户的声音，并代表他们四处“徘徊”！

一如以往，在此我谨附上1997年第一封致股东信的副本。我们仍旧保持着“第一天”的心态。

2. 信中所窥得的经营理念

在亚马逊致股东的信中，我们可以窥得其以下经营理念：

第一，亚马逊自创立之初，就是以为消费者创造价值为最终使命，且从未改变；

第二，亚马逊坚信好奇心和直觉的力量，是带领品牌向前的最大驱动力；

第三，亚马逊由最优秀的团队成员组成，任何产出皆具高水准；

第四，亚马逊经常做运营实验，从来不怕犯错，而且拥抱错误；

第五，亚马逊关注消费者的长期利益，而非企业的短期运营成果。

回顾1997年的亚马逊第一封致股东信（节录）：

……这是互联网时代的Day 1（第一天），如果我们做得好，也是亚马逊的Day 1……我们认为成功的根本衡量标准是我们长期创造的股东价值。

……由于我们更看重长期，和一些公司相比可能做出的决策和取舍会有所不同。因此，我们想与您分享我们的基本管理和决策方法，以便您，我们的股东，可以确认它是符合您的投资哲学的。

1. 我们将继续坚持不懈地关注客户。

2. 我们将继续从长期的市场领导地位考虑做出投资决策，而不是根据短期盈利或华尔街的反应来做决定。

3. 我们将持续评估项目并对投资进行有效性分析，抛弃那些无法提供可接受回报率的项目，对那些表现最好的项目追加投资。我们将持续从自身的成功和失败中学习。

4. 当看到有足够的机会获得市场领先地位时，我们就会大胆投资，不会保守。这些投资有的会成功，有的会失败。无论哪种情况，我们都会学到有价值的东西。

5. 当被迫在最优化当前会计利润和最大化未来现金流现值两个选项中做选择时，我们会选择后者。

6. 我们在做出大胆的选择时，将与您分享战略思维过程（在竞争压力允许的程度），这样您就可以自己评估我们是否做出了理智的长期领导地位投资。

7. 我们将努力明智地花钱，保持我们的精益文化。我们理解不断加强成本意识文化的重要性，尤其是企业还在亏损的时候。

8. 我们将平衡对增长的侧重和对长期盈利能力及资本管理的强调。在此阶段，我们选择优先考虑增长，因为我们认为规模是实现我们商业模式潜力的关键。

9. 我们将继续把重点放在雇用和留住有才能的员工上，继续增加他们薪酬中股票期权，而非现金的比例。我们知道我们的成功很大程度上取决于我们吸引和留住积极主动员工的能力，他们必须理念一致，因此必须成为实际的所有者。

3. 亚马逊的初心

亚马逊的初心主要包括以下几点：

第一，关注长期价值；

第二，关注消费者体验；

第三，培养有才能的员工；

第四，增长比利润更重要。

20 多年来，亚马逊初心不改，品牌愿景一直未被金融市场所左右。亚马逊要领跑的，是一场没有终局的游戏（an infinite game）。

– 品牌建设，一场没有终局的游戏 –

终局游戏是规定时间内、有规则限制、可分输赢的竞赛或游戏。比如足球比赛，两支球队在规定的 90 分钟内，以进球多少定输赢。结果可分赢、输和平局。裁判鸣笛，比赛结束，结果既定。

而没有终局的游戏是没有时限，没有既定规则，竞赛者随时加入或退出，没有守恒结果，更没有输赢对家之分的竞赛或者游戏。

生意，就是一场没有终局的游戏。企业可能在一段时间赚钱，又在另一阶段亏钱，竞争资源的分配从不均匀。

大部分企业的领导者把生意错误定位成一场终局游戏，追求输赢、盈利数字、成长率、市场份额，而不是追求如何让企业为社会和消费者增值。

领导力学者西蒙·斯涅克（Simon Sinek）在著作《无限的游戏》（*The Infinite Game*）中提出：企业领导者需要的是“没有终局的思维模式”（infinite mindset），只有如此才能让企业长青，从而变得伟大。

传统意义上，大部分企业高管（特别是上市公司 CEO）的重要职责是让企业的股价增值。换句话说，他们需要取悦投资者，而不是消费者、员工和广大民众等其他利益相关者。企业高管要取悦投资者，在每个季度（年度）交出漂亮的业绩：获取更高盈利、实现稳定成长、增加市场份额、获取更多客户会员、严控成本、实现净利润最大化，等等。

企业高管之所以抱着这样的目的，一方面是因为他们的职位是董事会任命的，另一方面是因为他们的报酬直接与公司市值挂钩。于是，他们就自然形成了“终局思维模式”（finite mindset）：怕输、业绩导向、关注自身事业。问题是，从长期而言，这样的结果是以损害企业发展为代价的。

- 背离使命的倾覆：柯达之伤 -

1880 年，乔治·伊士曼（George Eastman）在创办柯达（Kodak）之时，将品牌愿景定为：“帮助大众用最简单的方式，将生活变成美好的回忆。”

随后，柯达发明了口袋式照相机、胶卷以及各种冲洗工具、设备和化学用品。柯达也因此成了家喻户晓的品牌，直至20世纪90年代，一直都是行业领头羊。

1975年，柯达研究部发明了数码照相机，但这一发明却遭到当时高管们的嘲笑：“谁会在屏幕上看照片？消费者需要的是纸质照片！”

试想一下，假如数码照相机投产上市，势必颠覆柯达一贯引以为傲的商业模式。柯达的董事会和高管不愿“革自己的命”。最终，柯达发明的数码照相机被历史尘封，徒留一段遗憾。

而这个机遇被日本的富士和尼康把握住了。随着数码化及个人电脑的普及，在20世纪90年代初，这两家企业先后推出了数码照相机。柯达被迫退市，于2012年宣布破产。

柯达的经历为大家揭示了，只顾短期利益（终局思维模式），企业难以长青。柯达的高管们忘记了品牌使命（帮助大众用最简单的方式，将生活变成美好的回忆），当企业将赚钱定为头等大事，忽略满足消费者持续需求的初心，那么其终局代价很可能就是企业的倾覆。

因此，“没有终局的思维模式”的企业（infinite-minded players）应该把握三件事：

第一，品牌使命驱动成长；

第二，维系员工和消费者；

第三，持续赢利。

而要实现第三点，企业领导者需要：坚守并提升品牌使命，建设互信的团队，尊重有价值的竞争者，为企业转型做好准备，有勇气克服困难。

– 苹果因坚守使命而伟大 –

下面，我们以苹果公司为例，来对上述领导者模型进行说明，苹果公司创始人乔布斯就是该模型的代表人物。

苹果的使命是："让科技变得简单，可以融入每个人的生活。"使命驱动着苹果的员工为改变世界而努力。虽然他们不是人人都喜欢乔布斯，但却能因使命成为互相合作、学习的工作伙伴。

此外，苹果公司还具有竞争的气度：尊重竞争者。

20 世纪 80 年代初，IBM 一度瞧不上个人电脑产业。但随着苹果个人电脑的大行其道，IBM 不得不投入资源开发个人电脑，并将其命名为 PC（personal computer）。

IBM 加入竞争市场后，苹果刊登了一则广告（见图 2–1）。

这则广告的大意是：苹果郑重欢迎巨头 IBM 加入个人电脑领域，未来一起开拓市场。

20 世纪 90 年代后期，乔布斯重回苹果就任 CEO 后，除个人电脑 Mac，苹果还相继研发生产了 iPod、iPhone 和 iPad 等个人科技产品。这是苹果对使命的坚守。正如前文所说，即使在创始人乔布斯去世之后，由于使命的力量，苹果仍是现在全球最有价值的品牌之一。

图 2-1　IBM 加入竞争后苹果刊登的广告

跟苹果一样，亚马逊、谷歌都是拥有大格局的品牌，它们将自己设置在非终局游戏模式中，领导者不受短期赢利和市场份额驱使，它们的使命是创造社会价值，让世界变得更美好。

– 品牌的核心价值 –

1. 品牌金字塔的要义

我在《营销长尾》一书中，提到了品牌是如何通过设计品牌金字塔，来设计品牌定位、塑造个性、细分目标消费者和确定营销调性等。

品牌金字塔顶端，是企业愿景和品牌使命。很多只有一个品牌的企业会将愿景跟使命放在一起，但两者其实是存在很大差异的。通常，很多跨国公司会将两者分开，企业有一个共同的愿景，而每个品牌又有自己的使命。

很多中小企业没有愿景，只有使命。这里需要强调的是，不论愿景还是使命，都不应以“赚钱”或“为股东创造最大利益”作为衡量标准。

所谓价值，要为消费者创造。而企业的终极目的，是要获取利润，从而更好地为社会和消费者创造价值，所以“赚钱”只是创造价值的手段。这一点是毋庸置疑的。

2. 每一个伟大的品牌都有一个宏伟的愿景

愿景，关乎企业创始人的远大目标，一般都是遥不可及的。但正因为遥不可及，愿景才更显崇高，可以指导企业不断前行。通俗一点来说，愿景是企业为人类创造某类价值的一个说法。

使命是每个企业或者品牌存在的原因，或者说是企业和品牌运营的意义。简单说，使命其实就是企业要为消费者创造什么价值的一句话定义。

下面，是我们熟悉的品牌和它们的愿景。

微软：帮助个人和企业实现最大的潜能。

亚马逊：成为地球上最重视消费者的企业，让消费者可以在适当的渠道用最低的价格买到任何产品。

可口可乐：成为一个负责任的全球企业公民，通过建立和支持社区的可持续发展，令世界更美好。

SpaceX：建立跨星球人类文明，解决地球的各种潜在灾难。

特斯拉：加速世界向可持续能源的转变。

迪士尼：让人们过得快乐。

脸书：赋予人们分享的力量，让世界更开放，联系更紧密。

沃尔玛：给普通百姓提供机会，让他们可以跟富人买到同样的产品。

惠普：为人类的幸福和发展做出技术贡献。

麦肯锡：协助我们的客户成为最杰出的公司。

腾讯：用户为本，科技向善。

愿景和使命，是一个品牌的核心价值观，也是一种良心上的思考。西蒙·斯涅克的另一本书《从问为什么开始：好领导是如何激励员工的》（*Start With Why: How Great Leaders Inspire Everyone to Take Action*）中提到黄金圈法则，该法则特别重视“为什么”

（why）。品牌初心的“为什么”，即“为什么而做”。不论企业的管理人、营销人、员工、合伙人、合作伙伴，还是消费者，皆因了解或清楚企业的价值观，去衡量企业或品牌的社会价值。

亚马逊的“为什么”，即品牌使命是“让人们通过简单的线上操作，获取具有教育性、信息性和启发性的商品”；其核心价值是“持续为消费者创造价值”，如方便、高效、全品类等。

品牌使命和核心价值观指引亚马逊不断向前，成为消费者喜爱的和最有价值的全球品牌。

案例分享：耐克的“疯狂梦想”

2016 年 9 月 25 日，在美式足球开赛前的常规奏国歌环节，三藩市 49 人队的四分卫科林·卡帕尼克（Colin Kaepernick）突然弯下腰，单膝下跪。这一举动是抗议美国政府对非裔美国人的种族歧视行径，他呼吁其他球员一同响应这一抗议。但赛季结束后，他被取消了续约资格，也没有任何一个球队愿意再聘用他。这无疑意味着他的美式足球职业生涯结束了。

这件事原本已告一段落。但 2018 年，耐克庆祝品牌三十周年之际，却找来了卡帕尼克做广告代言人。

一张被卡帕尼克头像占据了巨大篇幅的黑白海报上，清晰地印着这样一句话：“相信它，就算这意味着要牺牲一切。”（Believe in something. Even if it means sacrificing everything.）这句话的下面是耐克的标识和广告语：Just do it（只管去做）。

这件事情直接激怒了美国总统特朗普，他声称这是一个“可怕的信息”。此外，它还惹恼了许多原耐克消费者。这群消费者把怒烧耐克产品的图片上传至社交媒体，并威胁从此与耐克决裂，因为他们反感耐克与一个“不爱国”的人为伍。

即便如此，耐克的销量也并未受到太多冲击，反而逆袭引起了大量热议，还得到很多年轻人的支持。他们声称，耐克说出了他们的心里话。

2018 年 9 月，耐克发动了一场名为“疯狂梦想”（Dream Crazy）的营销战役。2 分钟的品牌片记录了美国历史上杰出的运动员在赛场上的精彩时刻，还记录了耐克对穆斯林、非异性恋者（LGBT）、残疾人甚至“不爱国者”等少数派群体的声援。

每个主角的出现都会跟随一段他们的旁白，徐徐展开他们的传奇故事和与大众的对话（节录）：

（没做成动作的滑手、只有半个身子却在进行摔跤比赛的儿童、戴伊斯兰头巾的女性运动员和坐在轮椅上的女篮球运动员。）

如果别人说你的梦想太疯狂，

他们取笑你的野心，

很好，坚持下去，

因为那些不相信梦想的人根本不懂，

梦想必须是疯狂的，

梦想足够疯狂才是一种尊重。

（基普乔格是最近几年马拉松当仁不让的世界第一人。他16岁开始练中长跑，19岁就拿下世锦赛5000米金牌，在肯尼亚奈洛比市拥有一条以自己名字命名的街道。虽然他没打破过马拉松世界纪录，但最好成绩比“2小时极限”只多了25秒。）

不要想着跑成全校最快的，

或是全世界最快的，

要跑成史上最快的那个。

（高中生艾丽西亚外表清秀美丽，喜欢粉红色，喜欢少女感的打扮，曾经多次被评为校园狂欢节的舞会皇后。但其实她最大的爱好是橄榄球，并梦想成为一个出色的边卫。作为一个女生，她可以蹲举300磅[①]，卧推175磅，算是“女中豪杰”。）

不要只满足于当舞会皇后，或是橄榄球手，

两样你都行。

（参加过铁人三项的贾巴里是一位音乐经理人，他拥有金钱、

---

① 1磅≈0.45千克。——编者注

名誉，甚至获过格莱美奖。事业在扩张，他的体重也一发不可收拾。不久前，300 多磅重的他被确诊患了脑瘤。九死一生后，他毅然离开千万美元的事业，决心像运动员一样健康地生活。）

甩掉 120 磅体重再变成铁人，

还把脑瘤也击败。

（莱西·贝克是耐克滑板系列的代言人，也是从小就出柜了的 LGBT 人士之一。没有女性形象包装的她一直得不到任何赞助。但她依然不愿自己的形象被固化，所以剪掉了长发，用自己的努力为女性滑手正名，为自己代表的群体发声。）

不要以为你必须像其他人一样，

成为某人。

（足球运动员阿方索·戴维斯，2000 年出生在环境恶劣的难民营。2019 年 7 月，他被德国拜仁慕尼黑队以创历史纪录的天价签约。16 岁的他，成为每个足球少年眼中的偶像。）

如果你出身就是难民，

不要让这身份阻止你，

为国家足球队效力，

哪怕你才 16 岁。

（篮球巨星勒布朗·詹姆斯已经被大众冠以新时代的“篮球之

神”的称号。他的伟大，不仅仅限于篮球运动。深知教育重要性的他，2018 年夏在家乡创立 I Promise School，为深陷困难的儿童们解决难题。）

不要只甘心做这世上最伟大的篮球运动员，

你的伟大岂止于篮球。

（沙奎尔·格里芬天生只有右手。令人意想不到的是，天生残疾的他，现在是一名职业橄榄球运动员。）

如果你只有一只手，

也不要甘当观众，

打成职业给所有人看看。

（出身于充斥帮派和毒品的黑人社区的小威廉姆斯，今天已是 23 座大满贯女单冠军得主，曾单打世界排名第一的网球传奇。）

即使你是个在混乱街区成长起来的女孩，

也不要甘心只成为一个网球运动员，

要做就做最伟大的运动员，

对，这才像话嘛！

（压轴出场的就是前面提到过的，最具争议的科林·卡帕尼克了。）

信念还是要有，

哪怕要为它变得一无所有，

所以别去想你的梦想是不是疯，

要想它够不够疯，

疯不疯，Just do it!

这次营销战役，极具争议。特朗普在社交媒体上发文谴责耐克，也有很多白人主义者发声抵制。

广告发布当天，耐克股价受到重挫。但一周后，耐克股价又急速反弹，还创出新高，销量更是激增30%以上，耐克和卡帕尼克本人的社交网络账号粉丝均大幅增加。

耐克清楚，这么做短时间内可能会惹恼一部分消费者；但耐克更清楚，现在的耐克消费者有2/3是35岁以下的，且来自不同种族文化背景，这部分受众非常支持耐克的品牌使命，也是耐克最想触达的消费者，他们并不会疏远和离弃品牌。

耐克的品牌使命，就是“为运动员带来灵感与创新”（只要有身体的，就都是运动员）。每一个人的人生路都不容易，耐克这个“疯狂梦想”的营销战役，鼓励着每一个人不畏艰难、迎接挑战。

大家这样说：

刘莉莉

第一，即使是有争议的事件，也一切都围绕自己的理念“Just

do it”展开，围绕着做自己、相信自己、无限可能等耐克的核心精神展开；第二，耐克是很有长远规划的公司，眼光从不只放在美国，营销都是放眼全球，有多元化、包容化的品牌价值观；第三，放弃部分老化的耐克粉丝，重点抓住未来的年轻消费市场和价值观相符的客群，可以说，这是在培养吸纳更多年轻客群。

赵楠

耐克在很用心地和自己的目标客户群说话，而且表达了他们内心真实的想法，说出了他们想说但是没说的话。可以说，耐克替他们发声，和用户站在一起，这样做有效地提高了用户黏性。就像曼巴、乔丹一样，耐克不仅仅是一种产品，更是一种文化、一种信仰，越来越深入用户的骨髓。

陈子聪

我对耐克这个品牌可以说是痴迷，耐克每位签约球星的故事都鼓舞着一代代年轻人，就像科林的案例。虽然看起来像是在梳理客户，但实际上在增加客户黏度的同时向消费者传达了敢为人先的精神。对于年轻人躁动的心而言，这是无法抗拒的。

周筠

品牌的拥护者会随着时间流逝不断更替，但品牌面向的客群年龄层是圈定的。一代又一代的年轻人喜欢着耐克，除了因为品牌的极强生命力，更因为品牌提倡的包容、接纳一切的与众不同的观念。虽然起点不同，但到达的终点都是人人曾渴望的成功。

企业采访：
“花作”让美好生活变得简单

采访者：吴骎

受访者：花作创始人　杨舒婷

“花作”品牌由来自云南普洱的拉祜族姑娘杨舒婷创立。2015年，已经是当地知名花艺设计师的舒婷担心花艺作品因为邮寄而使花朵失去最初的美丽，因此常常拒绝很多外地订单。那年夏天，为了让花朵的美好更容易传播，她开始深入研究日常就喜欢的花茶，亲手打造了“花作”的每一款配方。她不但考虑花茶药食同源的功效搭配，更结合花艺美学将每一杯茶都打造成了一个杯中花园，注重花茶的色、香、味、意、形，创造出“醉美花草茶”。她希望每一包花茶，就像她的花艺作品一样，让大家在喝茶的同时不仅享受视觉上的美好，更体会到繁忙生活中的情趣和治愈功能。

吴骎：舒婷，你原来是花艺设计师，是什么促使你转型创立“花作”这一花草茶品牌？

杨舒婷：其实我从没想过自己会做一个花草茶的品牌，只是觉得自己喜欢花茶，在花艺工作室的基础上可以多做一个产品，多增加一些销量。最早的时候我不知道如何做品牌，只知道做好产品。当第一份花草茶销售出去的时候，我想的是要做最好的花草茶，做用料好又很美的花茶。这和许许多多手工艺者是一样的，做好产品是初心，也是理想中的目标终点。

因为没有系统规划和运营品牌的经验，所以当时找到第一个使命，是一个不断尝试的过程，我会把自己想到的点和客户沟通，看一下自己能不能做到，引导客户表达出自己想要的这个点，或者说自己想到的这个点能不能感动客户，让客户有“这个东西很棒”的感觉。后来产品受到更多人喜欢，我就从手工生产变成工厂生产，开始创立团队做产品销售、输出产品内容。我还是觉得我的目标是“做最好的花草茶”，希望未来人们想要买花茶的时候都能先想到“花作”。

吴骎：从 0 到 1 的创业确实充满了崎岖，不忘初心才能砥砺前行，那你是怎么理解品牌使命的？

杨舒婷：后来我在总结的时候就在想，一个品牌的使命其实不是策划或者规划出来的，而是由内心发出的。它也不是在品牌成立的时候就已经成形了，可能是在后续和客户沟通，或者产品创造的过程中出现的。只有真正带有情感、真正能和客户有连接的使命才会成为被认同、被传播的使命，才能让品牌的传播具备更多不可替代的价值。

当时，我把“花作”的这个理念表达给老客户的时候，大家都表示被感动了。于是也有一些人说，想要和我一起销售这个产品，想要把这个理念传递给更多人，想要成为那个为普通人带去美好生活的人。也因此，我们有了自己的代理商和分销商。大家先认同了品牌的使命，把这个使命变成自己做事的动力，通过这个过程实现经济利益，一起成为“花作”品牌的传播者。

吴骁：“花作”品牌的使命是什么，有什么故事吗？

杨舒婷：有一次我在北京出差，乘坐地铁的时候，在地铁站看到一幅叫“把春天带回家”的画。画上是一个老奶奶和一个小女孩背着满筐的鲜花，走在小路上。我不知道为什么当时整个人都被击中了，这个画面在我脑海里挥之不去。我就给我的合伙人打了一个电话，我说我好像找到我们做“花作”这件事情的意义了。我当时第一次真正觉得有了使命感。

因为在这之前，很多人都告诉我享受下午茶，享受一杯美好的茶。这是一种小资情怀，是一种有闲、有钱的享受。但是看到那幅画的时候，我才理解到，其实鲜花对于这个世界上的每一个人都是公平的。一个人，无论贫穷或者富裕，花朵都能够给他传递快乐和幸福的感受。我认为花朵的美好是很公平、很平等的。

所以我觉得，做“花作”这件事情是通过花朵为更多人、平凡人带去生活中像鲜花一样美好的瞬间，带去治愈的感受和美好的生活。花茶这个形式只是一个载体，让花朵的获得更简单、成本更低，同时兼具功能性，让美好生活也变得更简单，能让更多人去拥有。

从花艺师到CEO，杨舒婷的成长不仅是创造了受消费者喜爱的产品和品牌，更是把这份充满美好的事业分享给了更多人，带领了一批和她一样对生活美学充满热情的新女性共同创业，一起兜售情怀、传递美好。“花作”的新女性们不断用来自生活的灵感和创造力，为传播生活美学而努力，在这里，她们成了生活家。

由一朵花到创造一座杯中花园，杨舒婷从没有停止对花朵的探索和学习。她说人们对美的欣赏是不分贫富的，享受与追求美是平等的，每一个人都能追求美好，这是我们与生俱来的权利，花朵带给人们的美好感受是写在基因里的。“花作”希望通过这个杯中花园，让更多热爱生活的人得到享受自然健康生活的简单方法，让质感生活触手可及。

第3章

消费者塑造品牌

场景一

林先生约陈小姐外出就餐，陈小姐提议去一风堂吃拉面。

林："为什么想吃拉面?"

陈："同事中午去吃过，说一风堂的大虾冬阴功豚骨拉面，好吃到炸！我也要去尝尝。"

林："是吗？我去看看大家的评论。"

陈："好啊！看到他们分享的照片，就已经饿了。"

场景二

小王要买一部新手机，正好看到了一款手机的广告，价格适中，但广告信息却是一些他看不懂的功能介绍，似乎很厉害的样子，但他不熟悉这个手机品牌，所以就征询了朋友小唐的意见。

唐："都没见有人用过这个品牌的手机，那么便宜就知道不会很好啦！买华为手机或苹果手机吧！贵是贵点，但质量有保证。”

王：“你说的也有道理，还是听你的吧。”

这两个场景给我们的启发有以下四点。

1 消费者会自动过滤品牌广告或营销信息，但会主动搜索品牌或产品信息，并在意其他人的评价或推荐。

2 相较品牌广告，朋友口碑和推荐更可靠。

3 消费者会在无形中影响身边人对品牌的购买决策，但品牌主无从得知，也无法衡量。

4 消费者口碑比品牌主更易塑造品牌形象。

从创建品牌到经营消费者

有关品牌建设和营销的学问在持续迭代，以往适用的很快就会被取代。社会在变，市场在变，科技在进步，消费者也在不断进步。最明显的是，互联网发展带来的信息高度透明以及用户间的强连接力，曾经品牌高高在上的现象已不复存在。今天，消费者的话语权不断增大，他们创造出的传播内容直接影响了他人的购买决定，粉丝自愿成为品牌的推销员和倡导者。如今，我们已进入一个“消费者当权”的时代。

过去的经验告诉我们，任何行业、市场、品牌都会被时代颠覆。这一问题的关键不是会不会，而是有多快！消费者当权，决定了品牌和消费者之间的关系已不再是单纯的“买卖”双方，而是关乎“信任”。消费者喜欢一个品牌，就会想参与到产品设计、生产、物流、定价等环节中。换句话说，企业要做的是经营与消费者之间的关系，与消费者一同建设品牌（见图 3–1）。

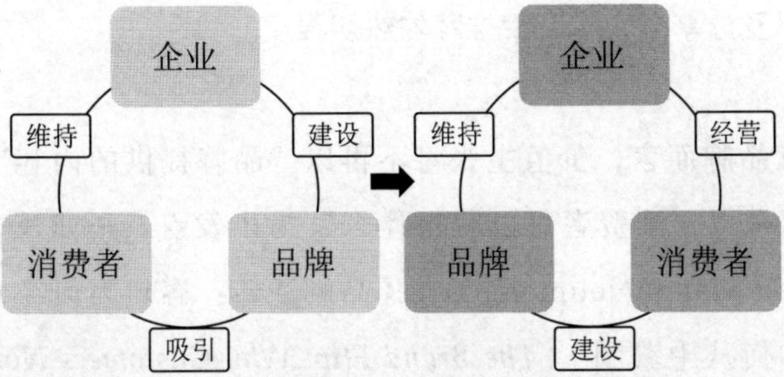

图 3–1　品牌与消费者之间的关系转移

– 以消费者为中心的品牌建设 –

以消费者为中心的核心价值主要包括以下几个方面：

1　不要只关注品牌自身的形象，要更在意使用了品牌的产品和服务后，消费者形象的改变。

2　品牌要表达的不是自身多厉害，而是让消费者在用了产品和服务后，将自己变得厉害的故事传播出去。

3 品牌的营销之道是让消费者形成购买习惯，一旦欲购买某个品类，便不做他选，让品牌成为消费者生活的一部分。
4 与其用传统的市场细分去定义消费者，不如通过社群（拥有共同兴趣的一群人）细分市场，引导这群人经营品牌形象。因此，社群又称“消费者部落”（tribes）。
5 建设消费者社群，重点不在于人数多寡，而在于关系有多深，以及分享频次和互相推荐的热切程度。

就品牌而言，价值主张将不再以“品牌提供的内容”为视角，而是以“消费者可以获得什么”为出发点。正如马蒂·诺伊迈尔（Marty Neumeier）在《品牌逆转：客户为何经营公司以及如何从中获利》（*The Brand Flip: Why Customers Now Run Companies-And How to Profit from It*）一书中提到的：丽思卡尔顿酒店（Ritz Carlton）的五点品牌主张并非“提供清洁舒适的房间和经过专业培训的员工”，而是“丰富消费者的感官世界，让消费者体验幸福感，获得超越期望的贴心服务”。要注意“我们提供……”和“消费者得到……”的区别。品牌需要放下身段，改变视角，赋权消费者塑造品牌。

– 消费者视角的品牌故事 –

很多品牌主已经认识到，讲故事（storytelling）的方式可以塑造品牌。而品牌故事在塑造过程中，仍是以品牌为第一视角。

未来的营销趋势需要品牌主了解，故事（不是编故事）本身并不是关键，学会提供素材、触发消费者向其他人提及品牌故事（可称为“故事情景”，storyframing）才是重点。消费者可以根据产品购买、服务享受和体验后的感受，将品牌故事通过社交媒体或朋友推荐的方式传播出去。

例如，朋友曾介绍给我一款名为“三顿半”的咖啡，因为外形有趣，我当时就分享到了微信朋友圈，并在课堂上作为案例，而品牌“故事”也随之传播了出去。产品外形即内容素材，也是品牌故事的表达。

理论上，品牌要品牌主自己建设并塑造。但非理性的逻辑是消费者更愿意亲自体验和分享，于无形中塑造品牌。所以，与其学讲品牌故事，不如运用营销战术，赋权消费者为品牌讲故事、传播口碑。换言之，品牌要以消费者视角制定营销策略。

影响力金字塔

本章篇首的两个场景，经常出现在我们日常的生活中。场景里的人物都未曾提及品牌的营销信息，反而是朋友口碑影响了他们购买品牌的决定。口碑，是最强大的营销信息。

口碑生产者，又称购买影响者（influencer），这其中影响力强的就是我们常说的意见领袖（KOL，key opinion leader）。当然，人云亦云之言，并不能代表 KOL 的绝对影响力。

例如，作为营销学的研究生，当你要购买一本营销学的参考书时，最能影响你购买决定的一定是你信任的营销学老师。在专业领域方面，他们就是意见领袖。而那些网络自媒体或明星红人，就不能算营销领域的意见领袖，因为他们在专业方面影响你购买营销书籍的可能性要低很多。

有影响力的人可依据影响力强弱进行分层，我称它为“影响力金字塔”（见图 3-2）：

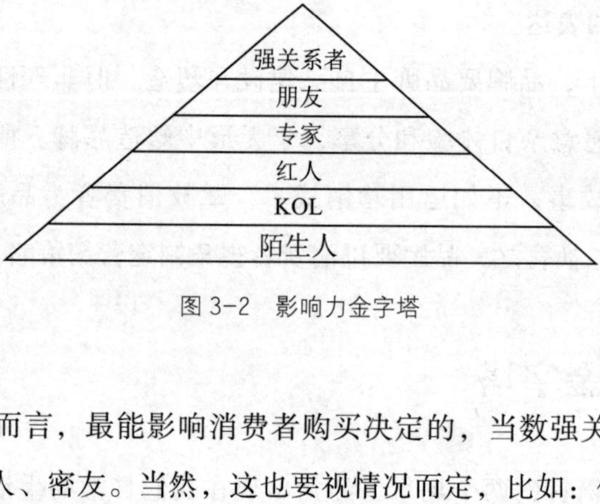

图 3-2　影响力金字塔

一般而言，最能影响消费者购买决定的，当数强关系者：如家人、爱人、密友。当然，这也要视情况而定，比如：作为女性，男性亲属很难影响其卫生巾的购买决定；相反，如若是男性，女性亲属推荐的剃须刀品牌也很难具有说服力。

次一层级的影响者是朋友或比较聊得来的同事，因为对你的性格较为了解，所以会根据你的喜好给出推荐。

要问强关系者和朋友谁的影响力更大，要看实际消费者。比如，我不擅长做饭，所以对酱料品牌就不会有任何心得，哪怕是强关系的家人，也不会问我意见。

影响力金字塔第三层是专家，特指在某一个领域拥有过人之处的学问、独到见解和心得的专业人士。我的一位朋友是手机专家，了解各品牌手机的功能、型号。身边任何朋友要买手机时，都会征询他的意见，可见其影响力。

我是一位营销学老师，学生在挑选参考书时，会先问我意见。很明显，对于推荐营销领域的书籍，我算是一位影响者。

还有一类专家，是热衷于在互联网平台留下评价的用户。他们会将使用、体验产品或服务后的感受，发表在微信朋友圈、微博、小红书、大众点评或携程网等平台上。这群用户是真实买家，并非收费写手，评论的内容皆出自内心感受，所以参考价值很高。

为达到引导他人消费的目的，现在有些商户会雇水军写“假评”（撰写自家好评或到竞争对手的“评论区”写差评）。对于这群“专家”的意见，在参考时，需谨慎鉴别。

回顾影响力金字塔最顶端的三层关系，强关系者、朋友和专家，他们之所以对消费者最有影响力，关键因素之一是感性连系，又称信任。

影响力金字塔第四层和第五层分别是红人和KOL。过去，品牌的一个普遍策略是邀请明星红人担任品牌代言人。明星红人在广告片中的角色主要是吸引注意力，并带动粉丝购买产品。现如今，他们的角色又包括社交平台的品牌信息发布，以此帮品牌触达更多潜在消费者。

从理性分析，明星红人也是付费媒体，品牌付费，明星出镜。谈及他们对消费者的影响力，大概确实会帮品牌增加认知度、消费者喜爱度和购买欲，但是否会提升购买转化率，有待商榷。

因为这种明星红人代言也是存在风险的，比如下面两种情况。

代言风险一：消费者会因喜爱球星 C. 罗尔纳多（C. Ronaldo）而盲目选择一款非知名品牌手机吗？代言的某保健品，他真的会经常吃吗？这些只会让消费者更加疑惑。

代言风险二：当明星声誉突然坍塌，他所代言的品牌就存在失信风险。当年高尔夫球星老虎伍兹（Tiger Woods）和几位中国明星、运动员，就因行为不检，使品牌冒着风险紧急停掉了代言。

近两年风靡的带货主播也算红人的一种，因为他们拥有万众粉丝。2019 年，两大主播先后崛起，分别是超 5000 万粉丝的“口红一哥”李佳琦和号称“淘宝第一主播”“全球好物推荐官”的薇娅。品牌相信，只要是他们直播推荐的产品，就一定能超预期完成销量。

单论李佳琦和薇娅的名气，已经与明星红人无异了。直播带货，其实也是一种付费媒体，只是角色从最初的广告代言明星，变成了线上直销产品的主播而已。当然，各平台主播不胜枚举，只是与前面提到的两位不可相提并论罢了。

除上面提到的明星、网红主播外，处于影响力金字塔第五层的还有一类，就是常常被我们解读成 KOL 的，活跃于微信、小红书等社交平台的付费自媒体。它们通过在公众号文章植入品牌信息、产品链接，来引导销售。

当自媒体需要通过品牌付费采购的方式生产内容时，那这群影响者的推荐立场也不得不重新思考了。

处于金字塔第六层，也是最底层的陌生人，是像完全不认识的专车司机的这类人。如果一个陌生人向消费者推荐一款酵素产品，其影响力更是无从谈起了。

上面我们梳理了影响力金字塔，那品牌要如何才能触达消费者身边的强关系者、朋友、专家，并让他们帮助传播品牌信息，从而引发购买决策呢？

以消费者为核心的品牌战略

– 案例：迪士尼的魔法——跟消费者做朋友 –

2013 年，迪士尼为消费者推出了第一代 MagicBand（魔法腕带）。消费者到主题公园游玩时，MagicBand 可代替钱包、纸质门票和酒店房间钥匙，让消费者畅通无阻。

更酷的是，MagicBand 还能储存消费者信息，当靠近任一迪士尼人物时，这个人物可准确叫出消费者的名字，给他惊喜；家长也无须再担心孩子走失的问题，通过 App，可轻易查找孩子的行踪；MagicBand 甚至还能帮助消费者拿到特快通道的轮候号，方便消费者规划游玩时间。

MagicBand 等同于个性化会员卡，线上轻松定制，无须归还。迪士尼还能借此为消费者提供各类信息、优惠和线上游戏等服务。

通过 MagicBand，贵宾进入迪士尼乐园、游船、商店时可轻松购物，哪怕腕带留在家中，依旧可以体验独特的“迪士尼服务”。这真是一个超凡的营销战略！①

– 建立长期的互信关系 –

过去，品牌与消费者之间通常是一次性或间歇性购买的关系。消费者有需要时才会想到品牌，而品牌在活动时才想起通知消费者，双方的关系并不紧密。迪士尼 MagicBand 创造了品牌和消费者之间的新关系模式，持续（on-going）且互信（trusted）。

尼古拉·塞格尔科夫（Nicolaj Seggelkow）和克里斯蒂安·特尔维施（Christian Terwiesch）在合著新书《关联策略：建立持续的客户关系以获得竞争优势》（*Connected Strategy: Building Continuous Customer Relationships for Competitive Advantage*）中，向企业建议：创新的商业模式和超凡的消费者体验，不但可以提升运营效率，还可降低整体成本。

① MagicBand 并未在上海迪士尼使用，因微信服务号已基本实现 MagicBand 可提供的功能。

以往，品牌与消费者的关系，间接且不强关联。购买关系之外，再无其他。互联网战略的核心是品牌要将与消费者的关系建立在互信的基础之上，再持续且长远地维系朋友关系（connected relationship）。信息价值是取得消费者信任、喜好、兴趣，甚至潜在的隐性信息。私人信息的交换也是由于消费者对品牌的信任，相信品牌会为他们带来更多的个性化产品、服务和体验。

– 案例：优步、爱彼迎与亚马逊 –

优步的共享经济模式，向出行业发起了一场商业变革。优步不拥有任何车辆资产，却可调动处于闲时的司机和车辆，实现载客业务。

优步的 App 上不但显示当次交易信息，还间接留存了乘客的个人信息：如乘客位置、行程，甚至银行支付码等。优步也因对这些数据的研究，为乘客带去了更便捷的服务，如就近找车、最佳路线、最适车型等。

爱彼迎的出现，颠覆了旅游住宿业的传统模式。爱彼迎同样不拥有任何实体房屋，但却能为旅客提供各色种类、风格和选择的住宿体验。

亚马逊通过 20 多年的运营积累，已从最初的网上书店化身为无所不包的线上商城（the everything store）了。消费者的线上信息（如浏览、选择、购买等），也为亚马逊分析消费者喜好和购物频次、进行商品购买预测等提供了依据，从而为消费者带去更精准的推荐和服务体验。

以上企业，在为消费者提供最佳消费体验的同时，也相对降低了运营成本。尚在原地踏步的传统企业，势必在新商业模式的竞争中落入败局。成功的品牌，并不只是运用创新科技的高手，还深谙与消费者连接的秘密。

–“连接”，新的营销战略 –

很明显，“连接”已经是不可忽视的营销战略了。而连接本身就是一种价值交换，也是信息交换，企业除了需要建立值得信任的品牌外，也需要懂得运用科技，提升“连接”的效率。

亚马逊就是通过收集消费者在购物过程中的每个环节和每次购物的行为数据，来分析每个消费者的购买行为，从而为其提供最佳的消费推荐，包括品类、品牌、包装、购买时间、地点等。亚马逊消费者的购物触点，包括了网站 amazon.com、App、Kindle、Echo、Dash、Amazon Go、Amazon Market Place 等。亚马逊是通过人工智能技术为消费者带去更优的用户体验的。大部分亚马逊消费者都是常客，并已习惯了亚马逊提供的服务。亚马逊和消费者之间，建立和维持的就是伙伴关系。

在国内，我们看到阿里巴巴、腾讯、美团和不少新兴成功企业，都是通过获取大量数据，来预测消费者行为的。例如：在淘宝购物时，会收到个人兴趣周边推荐；翻阅微信朋友圈时，会弹出相关度较高的广告推送。企业基于对用户日常浏览习惯和观看兴趣的分析，对目标受众给出精准推荐。当然，用户体验这一环还包括一键支付、客服、物流信息等服务。这些除了能极大提升消费者效率外，还能降低企业的运营和购买成本。

销售模式的颠覆，对传统思维的企业来讲，是巨大挑战。过去，企业高高在上，认为只要提供最好的产品、最方便的渠道、最合适的价格和最有效的推广就够了。但什么是最好、最方便、最合适和最有效呢？这些都不是企业自说自话，而是要由消费者判断。消费者的理解各有千秋，“认为”的都不一样。因此，企业要打破批量生产、批量销售等传统思维模式，通过与消费者的连接（交朋友），达到批量个性化（mass personalization）的营销效果。

– 营销的不是产品，而是消费者利益 –

以前，学生买教科书，为的是上课和复习。在整个过程里，教科书并不承担让学生有效学习的责任。美国麦格劳-希尔高等教育（McGraw-Hill Higher Education），提供的不只是教科书，还有数字学习经验（digital learning experiences）。

当学生线上阅读电子书时，其学习进度可同步到学校和任课老师。小测验的方式让学校轻松掌握学生面临的学习难点，再通过线上或线下的精准辅导，帮学生答疑解惑。由于每个学生的学习进度和课程难点不同，因此即使教材一样，每位学生所收获的学习经验也各有不同。所以，这样的品牌模式体现了因人而异的批量个性化服务。学习过程中，McGraw-Hill 与学生们成了朋友，不仅限于品牌和消费者的关系了。

– 将消费者培养成品牌粉丝 –

品牌建设的持续作用力就是让消费者记得、喜欢和反复购买品牌产品。一个忠诚度高的消费者，除了复购率高之外，还是品牌的忠诚粉丝。这里提到的粉丝，跟社交平台上的粉丝的意义有明显区别。

社交平台上，当有人“关注”品牌账号时，品牌就判定他是粉丝了。但品牌为粉丝做了什么，粉丝又如何看待品牌，这些可能都不清楚。多数情况下，品牌对粉丝鲜少关注，粉丝叫什么就更无从知晓，更遑论培育他们成为意见领袖或口碑传播者了。

一个真正的粉丝，会把品牌名字、产品、服务、用户体验挂在嘴上，除了广而告之品牌的好处优点外，还热衷推荐给他人。一个真正的粉丝，会全情投入到品牌“生态”中，并会为作为品牌的粉丝而骄傲。

能做到这一点的品牌并不多，苹果、谷歌、亚马逊、华为、星巴克、阿迪达斯、耐克这些品牌，可算得上其中的佼佼者了。

戴维 · 米尔曼 · 斯科特（David Meerman Scott）和瑞科 · 斯

科特（Reiko Scott）的著作《粉丝化：把粉丝变成顾客，把顾客变成粉丝》（*Fanocracy: Turning Fans into Customers and Customers into Fans*）中，有很多品牌案例谈及品牌是如何将粉丝变为消费者，又将消费者转化为粉丝的。

所谓fanocracy，其实是democracy（民主）的语义延伸词，即“粉丝做主”的意思。作者在这本书中提到，消费者和粉丝之间的转化与社交媒体的营销没有任何关系，重要的是品牌要积极培养消费者成为粉丝，并为此做出努力。

– 消费者主导的品牌文化 –

很多企业在建立之初，目的只有赚钱，并不是为消费者创造价值。而不能为消费者带来价值的品牌，长远来讲很难留住消费者，培育粉丝就更无从谈起了。将消费者变成粉丝，首要的就是改变品牌思维，不是从老板的立场，而是以消费者的立场去看待消费者的需求和喜好；要让消费者从产品、服务、用户体验等方面获得超越预期的感受，让消费者成为品牌推销员和倡导者。这需要思维的改变和品牌文化的建设。

如今，消费者人手一部手机，可随时随地在社交平台上发布和分享品牌内容，消费者主导已是不争的事实。品牌要主动连接消费者，与他们互动、结网，如此才能将消费者变成品牌的粉丝，让他们坚定不移地跟随。而品牌壁垒，也可助品牌在激烈的竞争中脱颖而出。

- 用社交属性打造明星产品 -

消费者在逛鞋店时，如果无法将鞋子品牌区分开来，那这些品牌基本是失败的。而我们很难搞混阿迪达斯和耐克。可被轻松识别，是品牌建设的最初级要求。

但品牌标识和包装并不是品牌建设的全部工作（很多品牌主都有这样的误解），让产品和服务带有社交属性，是品牌建设应进行的深度思考，也是对品牌营销人的专业要求：如何让消费者购买产品、享用完服务后，迫不及待地拿出手机拍照，并分享到社交媒体上？

比如同样类型的点心，不同的餐店似乎都大同小异。可当你走到广州毕德寮，服务员端上这样一款点心（见图 3-3），你会怎么样？

图 3-3 毕德寮鬼鼠糯米糍

- 真诚服务消费者 -

如果说产品是硬件，那服务就是触发消费者重复购买的真实理由。

B2B 产品的使用，多数情况下较为复杂，很可能还需要持续的协助和维修，所以企业必须将服务环节做好。优质的服务需要人工客服，而不是提前设置好的智能客服。当然，真诚的态度、和蔼的笑容也是必不可少的。消费者也是人，所以不要把服务消费者仅当作销售环节中的走过场，他们有权利提出自己的需求，企业也不要把这些事当作负担。

我有朋友去巴厘岛旅游，选择了乌布的维萨斯度假村酒店。酒店的景观环境好自不在话下，而且服务超棒。酒店的每位工作人员，见到顾客一定是面露微笑并主动上前打招呼，让人从心里感觉到宾至如归，所以他们决定下次再访巴厘岛或身边有朋友问起，一定会光顾或大力推荐。

- 哇，惊喜的用户体验 -

惊喜是超越期待的，要想让消费者感到惊喜，有两个方法推荐给大家：

第一，满足消费者的“过分”要求；

第二，让消费者出乎意料。

多年来我在课堂上，会给学生们布置一个简单的随堂体验作业：到星巴克买一小杯加热奶的美式咖啡（Short Americano），并拿一个纸套。

看似简单的要求，却鲜少有同学完成。究其原因，是他们买不到“小杯”，星巴克店员称没有“小杯”，最小也是“中杯”。而我买到“小杯”的秘诀是带上自己的杯子，刚好盛满一小杯的量，这就使得星巴克的店员没办法拒绝了。“小杯”原价 22 元，自带杯还可立省 4 元。这似乎是一件很“神秘”的事，细想却又是一个不争的事实。

然后，我会鼓励学生们像我一样，自带杯去星巴克买“小杯”卡布奇诺，除享减免 4 元的优惠外，再要求店员定制个性化拉花。①

之后，我的学生就开始发挥其无穷的创造力了。

2019 年 9 月初的一天，一群就读于清华大学–澳大利亚国立大学管理硕士 23 班的学生，带着一个洗净的泡面塑料碗去买卡布奇诺了，最后成功定制到了注有“MOM23”样式的咖啡拉花（见图 3–4）。

同年 10 月，香港大学中国商业学院 – 成都整合营销研究生 4 班的学生，带着一个不锈钢盆，向星巴克发起了相同的挑战。同学们后来回忆说，当时的心情其实是非常忐忑的，幸好星巴克的店员并未辜负大家的期待，反而耐心地为同学们完成了此次任务

---

① 星巴克鼓励消费者自带杯买咖啡，可省 4 元。

（见图 3-5）。

图 3-4　清华大学 - 澳大利亚国立大学管理硕士 23 班学生的随堂作业

图 3-5　香港大学中国商业学院 - 成都整合营销 4 班研究生的随堂作业

随后挑战的是香港大学中国商业学院 - 北京整合营销 33 班

的同学，这次他们带上了更大一号的面盆去买拿铁，收获的同样是来自星巴克店员热心周到的服务，任务也圆满完成（见图 3-6）。

不难想象，每次任务达成，同学们都会情不自禁地拿出手机拍照，然后迅速发到微信朋友圈。这就是经典的消费者主动传播，而星巴克也因此获得了额外的曝光。细想，这也是星巴克社会化营销的独到之处！

我不但佩服同学们的勇气，更敬佩星巴克对待消费者需求的态度。星巴克很少投放广告，日均万余人进店，眼前的消费者就已足够精准，每一家门店就已经称得上是品牌的独家媒体渠道了。每日店内发生的一切，如店员和顾客的对话、交流、氛围等，皆是品牌传达的营销信息。

图 3-6　香港大学中国商业学院 - 北京整合营销 33 班研究生的随堂作业

魔法时刻，超级粉丝

– 粉丝的魔法时刻 –

2008 年，畅销书作家凯文·凯利（Kevin Kelly）在一篇名为《1000 个真实粉丝》（1000 True Fans）的文章中提到，创业成功需要的不是 100 万美元的资本投入或 100 万美元的营销费用，而是培养 1000 位真实粉丝。假如每一位真实粉丝每年愿意消费 100 美元，那生意的年收入就可达 10 万美元。这是一笔不错的收入了，足以让一个人过得不错。文章重点说的是，品牌跟消费者的关系不是交易（transactional）关系，而是情感（emotional）关系：要让品牌被消费者疯狂爱上。

有些明星之所以能成长为巨星，靠的不一定是精湛的演技、美妙的歌喉或俊美的外貌，而是他们愿意坦诚以对，愿意与粉丝交朋友；被人钟爱的品牌，有时甚至不是因为产品，而是它们与消费者之间的情感联结。一些品牌省下大笔广告费后依旧成功，秘诀是它们将大量精力和资源用到了与消费者做朋友上。其中最经典的，莫过于前文提过的星巴克了。

在星巴克，咖啡师在制作咖啡时，会特意在纸杯上为消费者写上祝福语取悦和鼓励他们。每年，星巴克会限季推出圣诞杯设计款，这不失为一个成功的“情感联结”的营销手段。不难发现，星巴克将营销预算都用到了深化和消费者的关系上。不用细算也能知道，星巴克的真实粉丝一定远超1000名吧！

帕特·弗林（Pat Flynn）的著作《超级粉丝：脱颖而出，发展你的部落并建立一个成功企业的简单方法》（*Superfans: The Easy Way to Stand Out, Grow Your Tribe and Build a Successful Business*）的主旨跟《1000个真实粉丝》相同，但分析更深入。

她认为品牌要培养超级粉丝，首先要考虑的是如何让粉丝感知到品牌的关爱与特别的关照。换句话说，这不是一个品牌自己认为自己很强的问题，而是品牌如何让消费者觉得自己很强的问题。

要让消费者感知到自己被特别关爱，品牌就要懂得为消费者提供量身定制的产品、服务或者用户体验。正如星巴克，每一位消费者点单的咖啡杯上都有专属自己的名字和关怀话语，这也是个性化体验的一部分，也是一个“魔法时刻”（moment of magic）。大多数消费者不会记得品牌做过哪些营销活动，但会记得属于他们的魔法时刻。

– 超级粉丝的培养 –

大多时候，品牌会将社交媒体上的粉丝量定为关键指标（KPI）。而事实是，品牌公众号关注者（有些甚至是称不上粉丝的僵尸粉）对品牌的作用是很小的。关于这一点，可以参考“粉丝金三角”（Pyramid of Followers）的分级（见图3–7）。

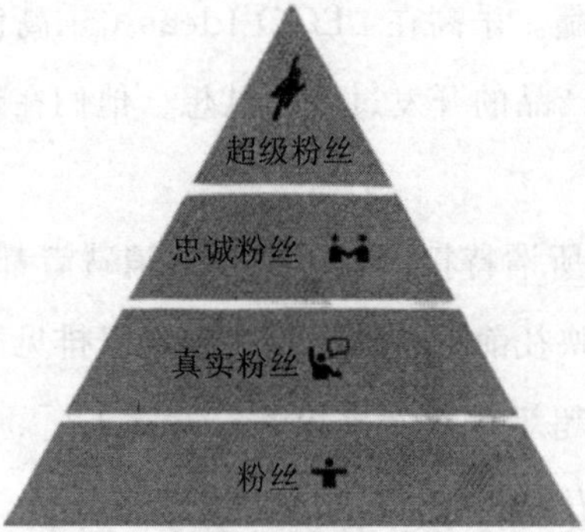

图 3–7 粉丝金三角

对品牌而言，首要之事是“核实”（validate）粉丝的真伪。通过与他们互动，即可掌握粉丝的人口数据（demographics），也可判断粉丝的真实性。接下来要做的是，把真实粉丝培养成忠诚粉丝，再从忠诚粉丝中洞察到一小群死忠粉，最后将他们发展成超级粉丝（superfans）。

– 培养超级粉丝的魔法 –

持续取悦：像星巴克一样，每一次的品牌接触都能让消费者收获暖心之感。星巴克承诺，只要不满意咖啡品质，重做直到消费者满意为止。

增强参与感：让超级粉丝真正参与到产品和购买过程的优化中来。重视他们的建议，让他们的心声得以实现，是超级粉丝忠诚追随品牌的精髓。乐高在 LEGO Ideas（乐高创意）的活动中，让超级粉丝参与产品的开发过程。试想，他们在建议得到采纳时，会是如何兴奋。

VIP 特权：所谓特权，自不是任何消费者都可获得的。明星会在演唱会和首映礼前后特别为超级粉丝安排见面或合影等环节。很多品牌也会为超级粉丝安排预购、参观工厂、参与广告制作或特品会等的特权专享。

让他们拥有炫耀的资本：超粉最大的快乐，莫过于有可向朋友炫耀的资本。品牌要创造可被炫耀的内容（如粉丝专页）、限量版产品（如亲笔签名），炫耀资本可成为超级粉丝一生难忘的经历。

以消费者为核心的营销，是品牌不断取悦消费者的过程，也是营销战略的一部分。一个创意广告投放到付费媒体上，固然可以增加品牌认知度，却不一定能增加消费者口碑，更不是一个高性价比的营销方式。对于小资本创业或想建立个人品牌的人来说，培养 1000 个超级粉丝，实在是一个再好不过的方法了。

总结：消费者塑造品牌

时至今日，有些品牌仍停留在“我跟你说”的传统沟通方式上，只把消费者当作被动接收的一方，通过内容吸引来的消费者虽然会产生购买欲，但不一定会下单，更不一定会重复下单，自然也不一定会为品牌的传播助力。

品牌如果只关注传播和推广的内容，不关心消费者究竟需要什么，就很难赋权消费者传播了。

品牌要懂得主动连接消费者，与他们产生互动，让他们成为品牌社群的一员，让成员因品牌而成为朋友，一起维护并推广品牌。

曾几何时，品牌需要投入大额资源和成本才能增强品牌力，建设让消费者喜欢的品牌，在市场竞争中处于优势，实现消费者复购和传播广度。

而在互联网时代，企业要学会找到合适的目标受众，然后精心维系与消费者的关系，让他们去传播、建设并协助推广品牌。消费者的喜好，指引了商业方向和营销策略。毋庸置疑，消费者已坐到了品牌塑造的驾驶位上，单方接收品牌信息的时代已一去不复返了。

案例分享：
乐高拥抱消费者

乐高由一家丹麦的家族企业创立，其生产的塑料组件玩具一直深受小朋友欢迎。但到 21 世纪初，乐高却面临重大商业危机，一度濒临破产。2001 年，乐高聘请了一位原麦肯锡顾问，30 岁的乐高发烧友乔丹 · 维格 · 纳斯托普（Jørgen Vig Knudstorp）与乐高共渡转型难关。

有一次，他与董事长一同出席了一场线下粉丝活动，获得很多灵感。他注意到参加活动的大部分粉丝并不是小朋友，而是一些玩乐高长大的成年人。这些成人喜欢创作，并热衷互相交流心得，甚至拿出自己的作品照片炫耀。他观察到，粉丝并没有将乐高当作一家玩具公司，而是把它当作一个可以启发灵感、分享创意的品牌社群。

随后，他主导了乐高改革，停产了不受欢迎的产品线，集中打造与电影相关的玩具系列，如《星球大战》《哈利·波特》系列等，深受好评。2004 年，34 岁的纳斯托普成为乐高首位家族外的首席执行官。

他主张消费者是乐高最重要的品牌资产，经常举办线下活动可以促进粉丝间的交流与互动，引导消费者组成社群，所以乐高官网是分为成人区和儿童区的。在官网上，乐高鼓励粉丝晒出他们创作的作品，并引导粉丝相互评分。

乐高引入 LEGO Ideas 项目，意在鼓励粉丝参与产品研发，提出新创意。创意诞生后，只要取得 1 万名粉丝支持，乐高就会将创意正式投产，作为当季产品发售。这样不但可以增强粉丝对品牌的拥有感，更让超级粉丝成为乐高社群中互相连接和互动的重要纽带。乐高让超级粉丝聚在一起，让品牌持续成长。

2020 年，乐高在 Interbrand 品牌价值排行榜中位居第 82 位，年销售额超 50 亿美元，是全球第二大玩具公司。

他们这样说：

吴骏

我们永远都不知道消费者会如何使用我们的产品，唯有在不断和消费者进行互动时，聆听和发现一些“意外”，并用 5Why 法则探究：人们为什么会做某些事情？为什么这些事如此重要？重复次数多的就应该立即行动，进行 A/B 测试来验证。商家也不应该喋喋不休地宣传产品和相关内容，而应该更多地想办法引发消费者的情感投入。

张墨让

乐高很幸运，在转型的十字路口遇到了一位传奇 CEO，他将自己的洞察直接应用于产品线的取舍、消费者受众的调整，甚至公司的战略决策，并完美地执行了出来。品牌人或市场营销部门很多时候会有这种遗憾，就是有想法但是公司战略不允许、更不愿意其去挑战和创新。同时，乐高又很聪明，我相信很多企业也都做了消费者调查，但是能如此敏锐地找到突破点，除了靠企业文化以外，还有一点就是坚定不移地执行以消费者为先的理念。而碰巧的是，乐高一气呵成，转型成功了。

洪瑜舒

乐高做到了这样几点：第一，开拓边界，拓展用户，它的用户不光是小朋友，还有成年人；第二，洞察用户喜爱分享、炫耀的特点；第三，注重线下社交，线下社交才是真正的社交；第四，建立会员社群，把粉丝连接起来，让他们对乐高有拥有感。

周筠

我的感受是：乐高主动连接产品使用者，提供搭建客户分享的反馈平台，让更多购买者参与到产品的更新换代中来，让产品成为客户想要的“样子”（多样性），而不是企业片面提供的“样子”（单一性），赋予产品“生命力”。

企业采访：凌美用心经营消费者

采访者：陈亮途

受访者：凌美（LAMY）中国 CEO　曾红荔（Shirley）

认识曾红荔，是多年前的事。当时她和几位同事参加我的营销培训班，在课上一直非常认真地记笔记，拿的是一支低调但是很有设计感的 LAMY 钢笔。课后我才知道，原来她就是 LAMY 中国的掌门人。过了几天，我收到她寄给我的纪念品：一支笔杆上刻有我英文名字Hugo的LAMY原子笔。我非常喜欢这份礼物。这不只是一支原子笔，还是一份用心的礼物。从那天开始，我爱上了LAMY这个品牌，之后还为我和家人买过很多LAMY笔。过了几年，在一次LAMY的内部培训里，我又收到另一份更喜欢的礼物：一支红色的LAMY原子笔，笔杆上除了刻有我的名字外，还有一个曼联的队徽！这是何等的惊喜啊！

自从跟LAMY邂逅，我断定LAMY是用心经营跟消费者关系的品牌。据曾红荔说，LAMY在中国现在只有大概110家店，但是生意额连年增长。LAMY究竟有什么秘诀呢？

陈亮途：LAMY的品牌是如何定位的？

曾红荔：我们2008年从德国引入LAMY这个品牌，其实从时间上而言，是有点奇怪的。当时大部分年轻人都已经用电脑打字了，理论上对书写笔的需求应该会逐渐下降。但是我有一个愿望，希望年轻人不要忘记“书写”的意义和艺术感，希望他们随身都能带一支书写笔，而这支笔就是LAMY。于是，我把品牌的营销方向定为“让书写成为时尚”，并且以18岁到25岁的大学生和年轻白领作为营销对象。我还记得我们的第一家店，就开在北京的西单，那是很多年轻人的聚集点，获得了不错的成绩。品牌战略的初步成功巩固了我的信念，于是我把LAMY定位为：针对追求设计感的年轻人，性价比高的时尚品牌。

陈亮途：LAMY 怎样做品牌差异化呢？

曾红荔：提到市场上最有名气的书写工具品牌，消费者会马上想到万宝龙和派克。不过，它们都是高价品牌，定位是“身份象征”，对年轻人而言，不易触达。LAMY 是刻意以目标消费者为起点去做差异化的。我们不想给消费者一种高高在上的疏离感，而是要做一个有温度的品牌。我特别注重的，就是 LAMY 要传达一种务实的时尚感。

陈亮途：如何让 LAMY 成为一个有温度的品牌呢？

曾红荔：用心经营消费者。首先，不要把消费者视作消费者，而要把他们视作性格、喜好都不一样的人。因此，LAMY 的营销朝着“个性化”这个方向进行。比如说，消费者可以定制一支刻有名字、口号、成语的笔，我们不另收费。工序很简单，但是对消费者而言价值很大。其次，我们对员工的培训，特别侧重服务态度和用户体验，让消费者遇上的不是销售员，而是能够解决问题又笑容可掬的品牌大使，这样消费者才会喜欢逛店。最后，也是我们还在努力的，就是要给消费者惊喜的感觉。具体的惊喜因人而异，你的“曼联笔”就是一种惊喜。我相信因为惊喜，消费者会更喜欢 LAMY，甚至会向其他人传播和推荐 LAMY。这是投入最少、收获最大的营销手段！

第4章

经营消费者

联系力

发现联系力

我家楼下有家咖啡甜品店，几位年轻合伙人开的，室内设计很有特色，随处可见一些绿植或小摆设，资金投入不高，但胜在用心。餐品有常规的咖啡、茶和蛋糕，但到店的顾客多半不是为了美食或咖啡，更多还是为和朋友们小坐，聊聊天。

有一天，我再次从店前经过，看到门上挂起了“内部装修”的牌子。这家店，大概要易主了。

我不禁想，在决定关门前，几位合伙人会不会坐在一起总结经营心得？果真经营不善的话，他们又会总结哪些原因呢？

1. 餐品原因？

虽然只提供常规餐品，但相较于旁边的星巴克，味道和性价比还是要略胜一筹的。对比顾客络绎不绝的星巴克，这显然不是主要原因。

2. 服务问题？

老板们亲力亲为，迎来送往，总体服务比星巴克更胜。

3. 位置或客流？

店面开在一个不错的地段，区域内除了星巴克，还有几家颇受欢迎的港式茶餐厅，周边辐射几个住宅小区，客流量是有保证的。

通常来说，投资咖啡餐品店，选址很重要，再有就是餐品会是投资人的关注重点，继而是咖啡师的专业度、店内装修风格、座椅的舒适度等，甚至为了招揽更多顾客，价格上还会做出一些让步。

如果餐品、服务、选址、客流、价格都不是主要原因，那会是什么？

如果这家店的几位合伙人也是从这几点出发经营的话，那赢利的概率不会高，因为他们忽视了一个最重要的因素：消费者需求。

今天的营销与过去最大的不同，是消费者的选择太多，拥有更多权利。品牌要经营的不是“点”，而是“线”。你的产品、服务、位置再好都是其次。重要的是那根与消费者连接的线，这根线决定了品牌的成败。品牌要经营的，是与消费者之间的“联系力”（connectivity）。

– 实例谈“联系力” –

有一次，一位女性朋友告诉我，她当月的淘宝销售目标差个零头就达标了。我偶来兴致，想以“专家”身份做个测试，便主动请缨道：“让我在朋友圈试一下。”但我将产品图、描述编辑好发出去后，就石沉大海了。反之，她在自己朋友圈发了相同内容后，销售目标很快就达成了。

她的朋友圈，很多都是她的顾客和粉丝。过去几年，她一直在经营与顾客的关系，也就是“联系力”。不难想象，她要卖自己的产品，一定比我容易。相反，我的培训班或出版物，如果售卖，效果肯定比她好，原因很简单，因为我一直经营与朋友、学生、工作伙伴的“联系力”。

前面的咖啡店案例，关店的假设如果成立，那侧重于产品、服务、位置的前因就为后来的闭店埋下了隐患。这也是很多创业者会面临的问题：忘记与消费者做朋友，不善于运用消费者口碑，忽视消费者需求，不能洞察他们的痛点，等等。

让消费者在购买时产生喜悦感，是最基本的成功元素。

消费者光顾这家咖啡店的主要原因是约朋聚友时比较方便和舒适。而咖啡店一直在做的是营销战术，不是品牌建设。

- 培育与消费者的关系 -

上海有一家我很喜欢的餐厅，每次老板知道我来，都会找时间跟我一同聊聊天，还会用心准备一些伴手礼。我喜欢这家餐厅，除了其餐品好、服务到位外，最重要的是与老板缔结的联系力：与顾客建立、发展和深化朋友关系。

我不但是这家店的忠实粉丝、口碑传播者，还是它的"品牌倡导者"(brand advocates)。老板用心经营的不只是产品和服务，还有与消费者的关系。这家餐厅仍在创业期，但成功概率要比前文提到的咖啡店高。

这家餐厅看重的是与顾客之间的"联系力"，而不完全是"系统化管理"、"军队式培训"和"产品创新"。在这家餐厅，你会有种回到家用餐的温馨感。

营销成败，很多时候与产品、服务、管理的好坏没有直接关系，反倒是与是否和消费者建立了稳固的联系有关。

- 主动连接消费者 -

有一次，我出差去福建漳州，工作了一天后，就近到一家酒吧放松。走入酒吧，目光所及之处都是酒，上千种啤酒排在一起，很是壮观。

我平时不是一个嗜好啤酒的人，对各种啤酒的品牌和酿制方式更是没有深入研究，选择啤酒的标准也就是看看其酒精浓度、包装或标签设计。说白了，跟赌运气没差别，全仰仗眼缘选择。

就在我游移不定时，一位充满了艺术气息的人走近身侧，和我攀谈了起来，先是问我的工作、日常喜好、到漳州的原因，再询问我平日喜欢的口味等。大概聊了有五分钟，他起身拿了一个我不认识的品牌啤酒，说这瓶适合我；随即又从冰箱取出一个造型独特的杯子，说这叫圣杯，是专门用来搭配这款啤酒的，一次性倒出，刚好盛满杯，而且要在10分钟内喝完才最爽。

不难猜出，这一位就是酒吧老板了。他主动与消费者攀谈，然后推荐合适的啤酒，真是超棒的用户体验！

作为消费者，老板主动与我连接、互动，给我创造了一次难忘的用户体验。下次到漳州，我一定会再次光顾这家店。

以上案例，展示了联系力的神奇效果。过去，品牌采用“自夸”的广告方式，通过付费媒体，向消费者展现产品。然而在今天的营销环境下，“自说自话”的单向营销已经不再适用了。

消费者的“营销起义”

马克·谢弗（Mark Schaefer）在著作《另类营销：最人性化的公司获胜》（*Marketing Rebellion: The Most Human Company Wins*）中，有一个让企业管理者不快的结论：“面对难以追赶的快节奏市场，工作会变得越发低效。”然而，这是管理者不得不面临的真相。

从广告诞生的那天起，企业便随意"欺瞒"消费者。产品只提优点，对负面信息只字不提。广告投放需要投入资金、创意、时间、人力、渠道等，所以早期的广告主几乎垄断了市场，蛊惑了人心，有缺陷的产品，消费者也会叫好。

如果可口可乐今天才问世，它将面对怎样的竞争环境，还会不会成为深受欢迎的饮料？

随着电视、广播、纸媒、户外广告的发明和普及，媒体渠道多了，产品多了，消费者受蛊惑的机会也多了。他们迷上有广告创意的品牌，即便产品功能相差无几，品牌内涵和意义模棱两可，消费者也乐于付高溢价购买名牌产品。

直到互联网面世，社交平台出现，传统的销售漏斗理论才被彻底颠覆。消费者开始拥有发布内容、推广产品、赞赏和批评产品，甚至影响他人购买决定的能力。过去的单向传播，已无法轻易打动消费者了。消费者"营销起义"的时代来了！

- 品牌错误估计自己的影响力 -

先看一组研究数据：

1 消费者认为，品牌推送的营销内容，85% 是垃圾信息。

2 品牌相信，81% 的营销信息是有效的，但只有不到两成消费者认为有效。

3 购买决定中，有19%是因口碑影响而促成的。

4 10个消费者中，就有1个喜欢在社交平台分享购物体验、文字、照片和视频。他们不计酬劳，发布真实感受，是品牌真正的“影响者”（influencer）。

如今的品牌，必须采用人性化营销战略。真正的营销，是为满足消费者的欲望（wants）、需求（needs），关心和解决消费者的痛点（pain points），为消费者制造愉悦点（sweet spots）。

消费者喜爱一个人、一件事和一个品牌的最主要因素，是温度（warmth）和连接能力（connectivity）。与之产生情感联系，会让消费者感受到归属感。

亚马逊创造了电子商务，不断创新为的也是关心和解决消费者的痛点、制造愉悦点，满足他们的欲望和需求。因此，为帮助消费者节省时间和金钱，亚马逊竭尽所能提供更好的用户体验，这也是亚马逊的品牌使命。

营销人要做的，是不惜成本维持品牌价值并让其增值，让消费者觉得自己赚了。随着消费者获得的价值增多，他们会在线上和线下成为品牌的推销员和维护者，通过口碑影响其他人购买。

现在，品牌主要正视自己可以影响消费者的范围，将品牌传播的权力给到真实消费者。

– 品牌应该是消费者的粉丝 –

再来看一组调研报告：

埃森哲：品牌越想培养消费者的忠诚度而做出各种营销战略，消费者越会产生负面反应。而出生于1995年之后的Z世代，根本对广告无感。他们对品牌特别不忠诚，而且不信任。他们购物跟“个人身份认同”关系最大，线上受社交网络红人影响最深，线下只相信熟人社交。

麦肯锡：消费者完全无视那些跟他们毫无情感联系的品牌。

其他调研一致认为，品牌在社交网络上发布的信息，等同于毫不可信的广告。简单说，没有人希望在社交网络上“被营销”，他们的目的是“社交”。而消费者发布的真实内容比品牌发出的信息有效6~7倍。这些报告已经明确宣示了一个现实：消费者相信其他消费者，不再相信品牌。社交营销的真正意义，就是让消费者自发产生正面口碑！

再说得直白点，那些没有好好对待消费者的品牌，要建设忠诚的社群，根本就是浪费时间。很多品牌以为消费者都想跟它建立关系，但事实是77%的消费者想要的不是关系，而是优惠！

做好品牌建设，品牌要做的重点是让消费者在购买产品之后，变得更好、更进步、更好看。换句话说，品牌不是广告或者任何品牌信息中的英雄，消费者才是英雄！

从营销战术的角度建议，品牌应该主动通过场景、产品、服务，植入“可分享时刻”（sharable moments），让消费者自发产生口碑（即 UGC，user-generated content）。消费者在分享和推荐之后，就会成为可靠的推销员，为自己推荐的产品自圆其说，然后会买更多的产品。品牌甚至可以邀请消费者参与设计产品、参加工作坊、出席节日聚会，跟他们建立情感联系，让他们成为品牌的营销大使。

– 消费者联系力的经典案例 –

源自加拿大的瑜伽服装品牌露露柠檬（Lululemon），在中国的官网上写着以下愿景：

“我们的愿景是给人们更多运动装备选择，我们希望能创建一个社区中心，人们可以在那里学习和讨论健康生活、正念和让生活充满可能性。我们也非常重视与客人创建真实的关系，了解他们热衷的领域、他们喜欢怎样的运动方式以及如何庆祝目标达成。”

露露柠檬在很多城市都跟当地的瑜伽社群打成一片，还邀请了当地的瑜伽教练到店铺开班，成为品牌大使。学员们穿上露露柠檬的瑜伽服装，最喜欢的就是在社交网络上晒照片和自己的瑜伽动作。这样的品牌内容真实可靠、传播力强，也间接带动品牌的销售额。毫无疑问，露露柠檬是以消费者主导和人性化营销为核心的品牌，非常成功。

他们这样说：

戚芸云

露露柠檬的瑜伽裤价格不便宜，现在随着年轻人生活方式的改变及消费水平的提高，紧身裤也变成了一种时尚单品。把瑜伽文化与社群捆绑来进行圈层影响，全国门店都有健身教练和瑜伽导师，而且目标客群定位是女性，这样的会员忠诚度会比较高。

方娜

很早的时候就在说圈层营销，可是大部分品牌的圈层营销都是找圈层的名人。他们虽然有权威，但是往往就是付费合作，发个微博、出席个活动，费用也比较高，缺点在于不是真实的用户。露露柠檬好的地方在于，瑜伽老师是这个领域有影响力的人，而且是真实的用户，可以很好地分享体验和感受。露露柠檬也正是通过线下开班，达到了品牌线下活动结网的目的，让更多人加入进来，所以销售额提高了。

品牌的营销不再是为了创造承诺，而是为了信守承诺。今天的营销只有以人性为中心，才会脱颖而出。过分依靠高科技、新技术，都不是以消费者增值为目的，甚至可以说，在需要温度感和紧密接触的今天，科技才是营销的敌人。试想一下，为了得到消费者的各种数据，一些品牌居然设置各种监控和人工智能设备，获得消费者的隐私，这值得鼓励吗？只有回归人性、用心经营，品牌才能够赢取人心。

营销 4.0：联系力，是营销创新

现代营销学之父菲利普·科特勒（Philip Kotler）跟两位印尼学者何马温·卡塔加雅（Hermawan Katajaya）和伊万·塞蒂亚万（Iwan Setiawan）于 2016 年合著的《营销革命 4.0》，可说是互联网时代营销人必读的著作。

20 世纪 60 年代以前，是营销 1.0 时代，即以卖方市场为主导的 4P（产品 product、定价 price、销售渠道 place 和推广 promotion）策略；70 年代开始了营销 2.0 时代，即以买方市场为主导的“市场定位”策略萌芽的时代；21 世纪初，进入了营销 3.0 时代，很多品牌采用的是迎合消费升级的体验式营销；近十年开始流行营销 4.0，以社群、大数据、价值观营销为基础，倡导企业应该把营销的中心转移到如何与消费者积极互动、尊重消费者作为营销核心的价值观，让消费者更多参与创造营销价值。

书中提出一个明确的理念：今天的颠覆性营销，是企业的“联系力”。企业赋权给消费者，让他们塑造品牌，甚至创造产品。

- 企业连接消费者 -

酿酒狗（Brewdog）是苏格兰的一家小啤酒公司。2007 年创办时，由于口感独特，得到很多本地啤酒粉丝的支持。他们喜欢在下班或周末时，呼朋唤友到酒吧一起看球，一起品尝酿酒狗啤酒。慢慢地，酿酒狗在线下拥有了很多品牌社群，定期举办聚会，吸引粉丝参与，大家成了好朋友。

但在 2008 年，突遇全球金融危机，品牌深陷资金难关，银行拒绝贷款，濒临破产。但酿酒狗没有放弃，尝试联动品牌粉丝，让他们参与进品牌的重整旗鼓中。

于是，酿酒狗向粉丝们募资“啤酒预购”金，在未来可以以折扣价预订新啤酒。粉丝们纷纷响应，四年内共众筹 700 万英镑的“啤酒预购”金。这笔资金不仅让品牌度过了金融危机，还销量看涨。2008 年至 2013 年，酿酒狗销售额平均每年增长 167%。

从酿酒狗的例子，我们可以看出品牌的消费者经营之道。即便生意经营不善，消费者也不会让品牌倒下，会支持品牌走下去。今天，酿酒狗已成为最受欢迎的苏格兰啤酒了。

经营消费者，让他们成为长期粉丝。其中的不二法门是在消费者长期使用产品时，间接培养他们的忠诚度。

他们这样说：

周筠

在初期，酿酒狗以独特的口感制胜，通过味觉获得消费者的认可；在拥有了一定的粉丝后，重视品牌与消费者之间的连接，创造、搭建了更多与消费者沟通互动的机遇和平台，使其生产的酒不再只是单纯的产品，而是在“强联系力”的过程中，潜移默化地融入消费者的生活习惯中。在很多组织活动中，很多粉丝成了挚友，不难看出品牌已逐渐产生对消费者的“利他”价值。在遇到金融危机时，因为有早先的粉丝运营根基，酿酒狗得到了粉丝的支持响应，扭转局面，形成了消费者经营品牌，最终续命的态势。

田玉清

1. 产品要有独特卖点，才能得到部分消费者的认同，甚至可以使消费者变成粉丝。
2. 借助品牌、产品这个媒介，让部分消费者有了社交活动和圈子，并不断连接、互动，壮大。
3. 产品是根本，粉丝是基础，预购金享折扣是关键点，消费者还是贪便宜，所以酿酒狗能够借助预购金来发展自己的生意，重整旗鼓。
4. 品牌还是要通过其产品找到一部分忠实消费者，并且经营他们。

5. 品牌要特别在乎忠实客户，说不定哪天用户就帮你起死回生了。

马晨程

品牌的三个重要组成部分是品牌定位、品牌行为和品牌形象，前两者和黄金圈法则里的“为何做”和“如何做、做什么”相当契合。这个“为何做”就是品牌核心，也是品牌的定位。酿酒狗做的是精酿啤酒，所有的精酿啤酒几乎拥有同样的追求：无添加。但在酿酒狗之前，众多精酿啤酒厂对外宣传的都是“无添加”这个特征，除了口感因为原料配比方面的不同拥有些许差别，最大的差别就只剩下名字不一样了。这相当于只告诉了大家你是做什么的，并没有体现出自己的理念，不能影响认同或拥有相同理念的人，不能唤起消费者的共鸣，本质上也就无法唤起消费者的购买欲望，更谈不上消费者的认同和分享了。而酿酒狗自 2007 年创立之初，便表现出了与众不同，它的“为何做”是要创造出一款“叛逆”的精酿啤酒，但如果仅停留在“为何做”的层面，那么酿酒狗从本质上也没有什么与众不同，无非就是取了一个名字，叫出了一个定位而已。

那如何才能影响和培养自己的忠实受众？还得知行合一，通过“如何做”和“做什么”，用品牌行为去践行“为何做”（也就是品牌理念）。于是，酿酒狗在海报、标签、新品包装、日常营销活动上总是显得像个正处在青春期的坏孩子，无时无刻不在表达着自己的“叛逆”。它出过敢与天下为敌，将其他精酿啤酒放上断头台的宣传海报；它敢把“如果你不认同我，就滚”的话语写在瓶子标签上，敢把小动物的毛皮标本做成新品包装……，简直是叛逆少年中的叛逆之王。它做的许多事情都很出格，有的还会让大众感到不那么舒适，但是却拥有大批的追随者、大批认同此理念的消费者。这些消费者每每谈到酿酒狗，都会心中有激情，眼里冒金光，这就是“为何做”，然后用“如何做”和“做什么”去建立品牌理念和品牌行为准则的魔力，让酿酒狗成为当下全球最知名精酿啤酒的不二之选。

– 租用经济 –

美籍华人左霆（Tien Tzuo）是 Zuora（一家位于硅谷的软件服务公司）的创始人及 CEO，也是 Salesforce（一家客户关系管理软件服务提供商）的前 CMO（首席营销官）。他在著作《订阅经济：创造可持续增长的未来》（*Subscribed: Why the Subscription Model Will Be Your Company's Future and What to Do About It*）中，提出了“订阅经济”（subscription economy）这个概念，在硅谷引起了不小震动。其实，我认为将其称为“租用经济”更合适。

21世纪，是互联网原住民正式成为消费主力的时代。这股新势力顾客有一个特性，就是越来越不需要拥有商品，他们需要的只是使用商品的权利。这意味着对企业而言，必须从“售卖”商品的思维，变成“租用”商品的思维。

根据腾讯于2018年12月发布的《Z世代消费力白皮书》，出生于1995年或之后的中国消费者（95后），人数达1.49亿，他们的整体消费力也达全国总消费力的40%，是不容忽视的消费群体。

报告里，可见的新生代消费趋势有以下几个特点：

1 消费为社交：圈子是买出来的，消费是简单直白的社交方式，寻找认同的表达。
2 消费为人设：助力完成自我塑造，除了能够获得独一无二的体验，还可以在朋友之间建设一种独特的表达方式。
3 消费为悦己：买东西获得当下的快乐和幸福感。

不难发现，未来的消费者不需要“拥有权”，拥有“使用权”就够了。他们要个性，不喜欢从众。对商家品牌而言，过去的产品标准化和以量产为基础的毛利成本思维，已经过时。随着消费升级，消费者考虑的是价值，不是价格。

这样的思维，催化并加速了“租用经济”的商业模式。而“租用经济”，更讲求消费者对品牌的信任和忠诚。反过来，这也是品牌必须不断加强自我塑造的原因。换句话说，品牌通过“租用经济”去经营消费者，赋权他们通过购买、传播、倡导等手段塑造品牌。

简单而言，租用经济是个人或企业，从商品付费（拥有产品）改为付服务费（月费或年费等）的模式，让消费者享受一段时期内的商品使用权，让商品通过免费或少量付费的方式叠加增值、升级。消费者在这段时间，同时享受各种保修、更换服务，而不必担心商品过时和损坏。

而企业不再是尽力销售商品，而是要维系好与消费者之间的关系，提供更好的产品选择、服务和令消费者满意的用户体验。很明显，“租用经济”完全颠覆了曾经以“买卖经济”为基础的固有逻辑和传统。

由于每位消费者的喜好、习惯和性格都不一样，所以对企业而言，这样的商业模式将是翻天覆地的变化：商品从标准化到个性化，销售从售卖产品到售卖体验，营销也从 4P 到专注于消费者洞察和用户感受。产品经理思维将会被极速淘汰，企业中的每一位员工都将成为客户服务人员，与消费者接触的每一步都会成为重要的营销触点。

过去读者订阅杂志，是相信这家杂志会在未来持续提供自己喜欢的内容。杂志社作为品牌，建设的就是与消费者间的信任。租用经济（这里是真正的订阅了）要成功，品牌就不能单靠短期的营销手段，而是要做好长期的品牌建设。正如在美国商界，拥有最多订阅者的是《纽约时报》和《华尔街日报》，因为这两份报纸建立了多年的信誉度，读者信任它们的内容是可靠、真实、中立和独立的。

很多SaaS（Software as a Service，软件服务）公司，已不再一次性售卖软件了，而是改为采用收取服务费、销售持续升级和改善的解决方案。这类型的公司，包括时下的Adobe、Salesforce和Zuora等知名品牌。想象一下，微软的视窗系统、杀毒软件，都将以服务费的形式为用户提供产品，而这些软件也会不断创新改善，提供自动更新等服务。

试想一下，未来我们只需按月支付服务费，就可以使用自己喜欢的手机、汽车、鞋子、衣服、包包、饰品等，使用持续更新的产品，永不会过时，用完再退换。对企业和品牌而言，它们为获得消费者的长期“租金”，就需要不断提供最好、最新的产品或服务。这样的经济模式就是绝对的消费者主导，重点不是企业销售什么，而是消费者需要什么。

过去购买手动剃须刀，是到超市去买。未来，可不可以改为仅需支付年费或月费，就可以收到一定数量的剃须刀呢，而且还可以送货上门？如果可以，我很愿意购买这种服务。（当年美国的Dollar Shave Club就是靠此方法抢到了本属于吉列的市场份额。）

国内也有类似例子，如MollyBox。MollyBox提供月订制猫咪用品套盒，内含1款自选猫粮，9款惊喜产品（玩具、零食、罐头、生活用品）。1盒产品满足猫咪1月内的基本所需，宠物主人不必再担心断粮、选玩具和罐头等问题，轻松体验一站式养猫服务。

还有一些其他案例。如音乐网站 Spotify，月费用户可收听和下载海量音乐；电影网站 Netflix，月付费享无限量电影；媒体报刊类《华尔街日报》《哈佛商业评论》《经济学人》，年费用户可订阅所有新闻或信息。这些品牌不再以广告费作为主要收入来源，用户的租金（服务费）成为企业经营的输血方式。要想保持成功的持久力，就必须持续提供优质产品和服务，而且服务对象非常明确，是付费的用户，不是广告商。

– 是消费者 ID，不是产品条码 –

企业要追踪的重点，不再是某件产品的条形码（销售、库存），而是每位用户的身份（Subscriber's ID），追踪他们的消费过程。

很多人说，苹果 iPhone 的销售呈下滑趋势。但事实是，苹果很少关注单品的销售情况。相较而言，苹果更关注消费者的购买情况：为什么买、在哪里买、买了什么、将买什么、付费多少等。而获知消费者信息的途径，就是 Apple ID。苹果了解每一个 Apple ID 背后的消费者喜好，并适时提供量身定制的服务和最优的客户关系管理机制，为消费者增值。

一家名为 Fender 的吉他品牌发现，90% 的吉他初学者会在学习几个月后放弃，所以对初学者而言，难有动力自购吉他。于是，Fender 开发了一款名为 Fender Play 的 App，初学吉他的人可轻松学会和弦、演奏流行曲，增进弹唱乐趣。通过这款收费 App，

Fender 获得了每名用户的学习进度，并为其提供专业意见，继而再提供选购吉他的建议、学习渠道和吉他表演、聚会的入场券等。Fender 的商业模式就从售卖吉他，变成了栽培音乐爱好者。

售卖商品的经济模式是单次销售收入的完成，销售完即止，而租用经济的优点是收入的循环往复。营销的目的是提供最好的用户体验，让消费者不断“续约”（service renewal），不仅是“复购”（Repeated purchase）。今天的营销不仅是为眼前的收入，更是为未来的收入。

“租用经济”将改变企业文化、管理架构和运营逻辑，也是消费者主导时代中最重要的商业变革。

改革势在必行，改革的障碍也在于企业自身。企业要放弃固有的成功模式和守旧心态，拥抱变革，勇于犯错。这说来轻松，但实行不易。

1. 从售卖产品到售卖服务

MollyBox 的例子，可以给其他宠物店一些启发：既然主人每月都要购买宠物食品、衣服、玩具，又要带宠物洗澡、剃毛、检查身体，那宠物店不妨收取月费，根据会员级别，提供差异化产品和服务，再为宠物安排生日会，结交新朋友。

又或者餐饮品牌改变思路，为订阅会员提供定制服务，让会员天天到店吃午餐、餐餐不同，还可以依照顾客的口味和身体状态，为其量身定做。这都是品牌价值的体现！

2. 加强线上营销的能力

单纯依靠广告投放的时代已一去不返，互联网普及至今，消费者的大量时间和注意力都被手机占据了，他们每天忙于社交平台，互动、看消息、看短视频、逛网店等。所以企业要学会在社交平台上与消费者互动，建立社群，培育他们成为口碑传播者和品牌大使，发挥最大影响力。比如，可以效仿乐高邀请消费者为产品提建议、取名，让消费者投票选出最好看的产品包装。这些都是建立社群、让消费者参与营销战略的好方法。

经营消费者是品牌营销工作中，颠覆思维的最大转变。假如品牌仍沿用传统的“产品经理思维”（生产一个有需求的产品，定一个有竞争力的价格，将产品投放到相应渠道进行推广，坐等消费者发现和购买），那离滑铁卢就不远了。

– 经营消费者的策略 –

总体而言，品牌起步时要先做好定位策略（包括定义品牌使命、目标消费者），构建吸引目标消费者的品牌关键词，制定品牌差异化策略，这里包括产品策略、用户体验策略、消费情景策略、创意营销策略和品牌故事等，然后认真经营消费者的购买决定。下一章，我们会探讨如何通过消费者社群，做好品牌定位策略。

企业采访：潜伴的营销联系力

采访者：吴骁

受访者：鳍潜潜水创始人　黄伟祺（Weiky）

鳍潜潜水创始人黄伟祺在成为潜水教练之前是物理教师。2013年他在仙本考取open water（开放水域初级潜水员）证书后，被海底世界丰富多彩的生物所吸引，想着如果能够潜入海里进行拍摄的话，将是非常棒的事情。就这样，他一步步发展到IDC（教练发展课程）参谋教练、自由潜教练、美人鱼教练及公共安全潜水教练，并将原来一个小小的潜水工作坊发展到现在拥有PADI（国际专业潜水教练协会）认证的五星级广州教学点及菲律宾杜马盖地C Bubble潜水度假村的鳍潜潜水中心。

潜水是跟海洋世界的亲密接触。潜水旅游把鳍潜和潜水专业人士、潜伴和其他来自世界各地的人联系在一起。但如今，因为新型冠状病毒疫情的影响，这种亲密接触被物理隔离了，大家短时间内都无法出国，回到大海的怀抱。潜水行业的经营基本处于停滞状态，鳍潜需要调整经营思路和方法，快速重建与潜水学员的联系力才能生存。因此黄伟祺及鳍潜的团队成员，围绕鳍潜的品牌定位，制定了相应的产品策略、用户体验策略、消费场景策略及创意营销策略。

吴骎：疫情期间人们为什么还会潜水？

黄伟祺：首先，潜水是社交性很强的活动，潜水时我们也有Buddy（潜伴）制度。因共同的责任而建立起来的人际交往，是值得珍惜和回味的。潜水带给我们的不仅仅是分享经验，还有通过共同的责任建立的人际交往。特别是疫情期间，和朋友们一起旅行时，作为一个团队，我们信赖彼此并进行安全的潜水活动。如果出现问题，我们会互帮互助。潜水之后，我们一起发布和分享照片，写潜水日志，计划下一次出行，等等。

其次，潜水的人设会让你成为朋友圈社交的焦点。其他任何环境都不像水底世界一样，充满各式各样生气蓬勃的原始珊瑚礁。在水下，你10分钟看到的生物种类，比在最未受到人为破坏的原野花10个小时看到的还多。而随着时间推移，你将发现，即使在外行人眼中，水下平淡无奇的地方都充满着引人入胜的有机生命，大自然的呼唤远远超过我们的想象。每个潜水员的分享都唤起周边人对水下世界及潜水体验的好奇及向往。

潜水是实现自我，享受悦己的美妙旅程。潜水可以让你摆脱人群，看到完整的地球。从南极到北极，从海水到淡水，几千个潜点，每时每刻都不一样，这是大自然真正的杰作。没有任何一个地方可以媲美海洋世界，海洋生物的种类超过你的想象，在海洋处处都是多姿多彩的生命，这是大海的呼唤。

吴骎：潜水行业的营销与其他运动有什么不同？如何提升和

潜水学员的联系力？

黄伟祺：潜水是一个师徒制消费黏性很高的行业，教练是影响潜水学员联系力的关键因素。刚入门的OW（开发水域潜水）学员和教练通过近一周的教学体验，共同经历了自我挑战及适应陌生海底世界的体验，形成了亦师亦友的关系，这与其他运动体验有很大的不同。但许多教练并未重视及做好售后服务跟进，这也是学员不再活跃的原因。友情需要经常联系和维护，才能历久常新。鳍潜潜水中心要求每个教练每天都要关注学员的微信朋友圈，并进行回应，同时主动在会员群内分享及进行互动，以鳍潜聊天官的形式激活会员群内的活跃度。

吴骏：鳍潜聊天官，这是个很有趣的概念，你们还会做哪些服务帮助学员更好地进行分享，形成UGC口碑营销呢？

黄伟祺：潜水员是喜爱分享的一群人，大家只会分享自己感兴趣的东西，不会为品牌做推广宣传，因此鳍潜用心为每个学员拍摄教学视频，一方面用于辅助教学，生动形象地矫正学员的潜水姿势，另一方面满足学员炫耀分享的需要。同时为了让学员更好地进行分享，鳍潜在菲律宾杜马盖地潜水度假村提供水下相机的出租服务，潜导会带领潜水员到每个潜水网红打卡点，并选择最佳角度为每个潜水员拍照留念。潜水度假村免费为顾客挑选出来的相片进行美图处理，让学员分享最美的照片。自然而然地，潜水度假村的各种场景和与工作人员充满开心笑容的合影，都成为学员分享的照片中最有温度的一部分。

吴骎：疫情期间无法下海，鳍潜聊天官如何开展互动，增强与学员的联系力呢？

黄伟祺：为了及时聆听会员的心声，鳍潜的会员群有专门的聊天官，和会员进行沟通互动，及时提升服务质量、解决学员的痛点，并不断为学员的潜水之旅带来惊喜。在疫情期间，大家已经近3个月没下海了，鳍潜的聊天官将学员原来的潜水地照片和视频，按主题每日发到群里，让“Super dry”的潜水员看图解渴，同时推出“报一个广州课程赠送杜马盖地潜水度假村住宿一晚，报两个及以上广州课程赠送杜马盖地潜水度假村住宿两晚”的海外潜水住房预存服务，既吸引并增强了潜水员未来消费的联系力，也缓解了潜店疫情期间的现金流压力。这些策略都是为了好好维持跟会员的关系，并且培育他们成为忠诚的品牌分享者。

第5章

经营消费者

社　群　营　销

在《营销长尾》中，我通过一整章（第五章：社群营销）来讨论了社群的意义，包括社群营销和社交营销的分别，品牌如何建立社群并发挥其影响力带动销售额。

社群营销的关键内核主要包括以下几项：

1 社群是一群人、一条心、一件事，是一群人组成的精神联合体和利益共同体。
2 社群满足的是求同的需要——归属感，社交营销满足的是立异的需要——存在感。
3 社群的连接点是社群产生的必要条件。换言之，连接点是社群存在的根本。
4 做好社群，就是制造了一大群品牌倡导者。

5　社群营销产生的是信任和影响力。
6　社群不仅要在线上组成，更需要在线下形成。
7　社群经营的是品牌跟消费者的情感关系，不是功利关系。
8　传统营销经营的是买卖关系，社群营销经营的是共生关系。

表 5-1　传统营销和社群营销对比

区别	营销逻辑	营销传播	营销主要目的	营销关系	营销费用
传统营销	流量漏斗：10000 人看到—1000 人关注—10 人购买	产品独特销售主张	扩展新用户	买卖关系	壁垒高，中小企业难入局
社群营销	涟漪裂变：1 人口碑—10 人购买—1000 个目标用户——10000 个潜在用户	人的独特情感主张	服务老用户，让他们成为口碑传播者和品牌倡导者	共生关系	壁垒低，中小企业的春天

在本书这一章节中，我将分享有效的社群营销模式：为什么需要社群？社群应该怎么做才有效？最好的社群营销会带来什么效果？

社群营销是社交营销的一种，不是全部

社交营销，讲究的是品牌能够跟消费者连接、互动和结网。

也就是说，社交营销并不是建立一个或者多个微信群，发内容、广告、优惠券，而是跟群里的人在线上和线下做朋友，跟群友互动，让群友之间能够主动聊天，结成一个网络。假如只是发布内容，群友根本没有兴趣待在群里，也没有动机与其他人成为朋友、交流心得。

很多品牌依旧有高高在上的心态，将社交媒体当传统媒体去用。而事实是，品牌在社群中是不需要重复刷存在感的，群友会主动交流，产生和传播大量的品牌信息，影响其他人的购买决定。

社群营销是让群里面的人，通过连接、互动、结网，成为品牌的推销员和倡导者。他们作为品牌的意见领袖，会带动社群外的人对品牌产生好感，购买品牌的产品。

- 实践案例：钱多多的商业日记（2020 年 4 月 9 日）-

以下的文字节选自《钱多多的商业日记》，作者是钱多多（Linda）。她是我在香港大学整合营销传播课程的高才生，从事商业地产的营销工作。她写的这篇文章，提出了很多有关社群营销的实践性建议。得到她的同意，我把部分内容节录如下：

好的商业不仅会留住客群，更重要的是懂社群营销。

……开放式商业空间，指的是当今消费者愿意逛和喜欢逛的一种休闲购物地带。今天，我们分享的话题是开放式街区被消费者喜欢的原因。

什么是好的商业空间？好的商业空间是消费者喜欢逛、喜欢与朋友去社交和主动传播的社交空间。

那么，好的商业空间是如何发展起来的？这要从前期的定位策划、设计规划以及招商、运营推广去讲。这里，我们把这个话题的聚集点放在街区商业后期的核心运营上。

正如大家所逛的街，多半为内向型的“盒子”购物中心，大体量集中的商业空间确实给城市带来很多新鲜血液，但其必然要面对的是更远、更广的辐射范围和大量的人群聚集。在这次疫情面前，这反而成为它的软肋。

因为这场疫情，消费者已经将健康需求提升到了前所未有的高度——更加注重健康和有安全感的消费场景，避免密集空间。开放式、通风性较好、户外空间多的商业体，成为大家休闲消费的首选目的地。

……

这次清明小长假，樱花开了，商业也迎来了繁华的景象。我带着工作任务逛了一下三里屯，车水马龙中，一片欣欣向荣的景象，仿佛一夜之间回到以前。大家带着的口罩和眼镜，瞬间让我有种扎在明星圈的感觉。

来三里屯不一定都是消费的，但都是带着逛文旅的心态，是来感受它与生俱来的热闹的。

……

既然是工作，也都逛一下吧，北京坊是我喜欢跟朋友吃饭聊天的地方，尤其是外来的朋友来京，首先也会来这里。原因很简单：餐饮品种丰富，适合招待朋友；饭后带朋友逛逛前门大街，再回来喝个下午茶，真的很惬意，拍照打卡也是必不可少的。

北京坊是一个拥有文化特色的开放式街区，俗称有“一主街、三广场、多胡同”的格局特征。

开放式街区商业项目通风性较好、户外空间多，所以在复苏阶段更能吸引客流，反之传统的盒子型购物中心封闭性太强，难以吸客。在商业复苏阶段，人们仍以满足基础性消费为主，社区商业更为合适。

那么，开放式街区具有什么样的特征呢？

兼具购物与休闲双重功能：开放式街区商业具有其他商业形态无法替代的天然优势，它不仅仅是一个购物场所，更是一个新兴的旅游体验场所。

体验感更强：能接纳更高消费人流的空间需求，防疫、抗疫的能力更强。

互动感更强：开放式街区回归逛街的本质，用开放式生态、时尚主题街区、沉浸式体验和街巷情怀等满足年轻人对时尚、潮流、个性的需求；通过情景化的沉浸式体验，形成街区独立的亮点和记忆点，提供随处拍照分享的精神愉悦感。

更贴近生活：街区商业的业态及品牌更能贴近生活，满足社区居民的生活需求，因此消费频次也较高；另外，营业时间也非常灵活，可 24 小时营业，大大增加了营业时间，星巴克、肯德基等品牌在拓店计划上，开始逐渐向大社区的街区商业转变。

在这里，我们介绍一下当下提供基础消费需求的社区商业。

疫情期间，居家隔离变成了社区隔离，于是城市社区防控与居民生活保障成为重中之重，社区商业成为 14 亿人的生活保障。即便在疫情结束后，人们会有更多选择，社区商业也将在疫情影响下，加速布局。

在发达国家，社区商业占据了商业市场的 60%~70%，而目前，其在中国的比例还不足 30%，社区商业无疑将成为商企未来经营布局的重要一步棋。

反观各种商业形式，社区商业面临的下一步应该是转型发展，那如何做好社区运营呢？

1. 突破固有思维，构建自有“社群”，并经营社群

疫情无疑让企业的营销困境雪上加霜，造成此种困境的主要原因是企业仍被固有思维束缚：缺乏私域流量思维，仅以交易为目的，广告注重广而告之，忽视续客和转化。过去的营销是把客户视为猎物，而社群是把客户当伙伴。现在的营销要用赋能思维代替管理思维，用伙伴式思维代替猎物思维。

疫情期间各大商企均布局线上，包括线上购物、线上推广、零接触配送服务等，通过线上营销积极弥补线下困局。无论是生鲜电商平台的订单迎来井喷式爆发，还是线下企业对线上营销的

回应，都是对线上营销大势的回应。线上营销虽是大势所趋，但对于消费者而言，线下商业的体验性依然无法被线上商业的便捷性取代。因此商企既要顺“大势”也要顺“民心”，将线上线下融合，做有“温度”的线下体验营销，做有“内容”的线上便捷营销。通过提升服务内容、优化购物空间构建“购物+”的线下体验场景。通过释放品牌信息，沉浸式体验可构建便捷的线上购物环境，形成线上与线下的生态购物闭环。

2. 实现精细化、精心化运营

贴心、便捷、有爱、有氛围，打造全渠道购物体验。全渠道经营最大的核心就是要建立门店数字化，打通线上和线下的消费渠道，连接消费者和商户。

纵观这次疫情，未来社区商业一片红海，商业价值会被提升；社区零售会加大招商规划，做好“五菜一汤”；政策调整辅助，会加大对社区的投入，塑造社区商业综合体；消费者需求转变，会更加依赖对社区的服务。

最后，我们说一下街区商业做好社群营销需要注意的几个点。

1 社群运营核心理念是认同、参与、分享，有收获。
2 社群是连接很多人，并不是很多人在一起。
3 社群的成功是因为社群里的人能够连接在一起，积极互动，主动结网。

4 很多商业做社群失败的最核心原因在于以自私和功利性为目的来经营用户。

5 做好社群运营，需要从以下路径来实施：寻找对的用户，而不是多；维系社群美好氛围，需要群主关爱群友、与群友互动，传递正能量；深度的关系营销能提升社群活跃度、归属感及群友的忠诚度。

什么是社群？

很多学生向我请教在社交媒体上建立社群的经验。我时常反问他们："为什么要建社群？"他们往往答不上来，只坦言说是公司要求，在社交媒体上建设社群也是营销工作的需要。我被这些答案弄得一头雾水。品牌的社会化营销，就是"建立社群"吗？

– 理清"社群"概念 –

"社群"的概念，在国内被泛指为"很多人在同一个地方，组成了一个群体"。在西方，这个定义要更细化些。很多人在同一个地方，这个地方通常被称为"社区"（neighbourhood），而这些住在同一个地方的人，一般被称为"邻里关系"。比如，很多人同住一个小区，这个小区就是"社区"，这些人就互为"邻居"（neighbours）。

人们虽同住一个社区，却并不一定拥有相同的文化、喜好、兴趣、信仰及共同语言，甚至双方很可能互不认识。品牌要建设的不是“社区”，而是真正意义上的“社群”（community）。

当一群人对某一个人、某一件事、某一个文化符号拥有共同兴趣、喜好或信仰时，一个社群才能组织、动员起来。世界上最强的社群组织，大概就是宗教组织了，虔诚的宗教信徒大多愿意牺牲时间、精力甚至生命，传播宗教教义。

对企业和品牌而言，社群建立的基础是已被认可的品牌理念、文化、产品或崇尚精神，社群驻民愿意花时间和精力推广对品牌的好感。他们是品牌的“追随者”（followers）或“粉丝”。很多西方品牌参考了畅销书作者塞斯·高汀（Seth Godin）在《部落：我们需要你来领导我们》（*Tribes: We Need You to Lead Us*）一书里的说法，称社群为“部落”（tribes），粉丝都是部落参与者。

– 案例解读 –

| 苹果产品被很多人喜欢，受众不太计较价格，果粉甚至会排队抢购苹果新品。新品发布会前，很多人热衷于在社交媒体上预测新品外形和功能。我们说苹果拥有大量狂热粉丝毫不夸张。值得关注的是，苹果并没在社交媒体上开通账号（苹果在微信公众号上发布的内容，不算社交营销）。如此

说来，苹果就没有社群了吗？苹果，一个没有官方社交账号的品牌，坐拥万千粉丝。这些粉丝在线下连接、互动，在线上自主聊天分享。重要的是，苹果的很多用户已具备意见领袖的特质，可以影响身边人购买 iPhone、iPad 和其他苹果产品。

2 如果有人问，最有个性的摩托车品牌是哪个，相信大部分人会说是哈雷 – 戴维森（Harley-Davidson）。这家超百年的品牌，特点是力求个性张扬。哈雷车主给人的统一印象是夸张的服饰、酷炫头盔，驾驶金属车身的车辆，发出震耳欲聋的引擎声，在公路上结队飞驰时，很引人瞩目。这是狂热粉丝因对品牌信仰而彰显个性。信仰外的人，无从理解。哈雷的品牌心理原型是[①]“亡命之徒”，而哈雷粉丝是突破世俗成见、我行我素的人。

3 上海有家大型商场，想通过发布商场信息，建设社群。但有几点没有弄清，比如：商场吸引粉丝的原因是什么？粉丝因何狂热？对商场而言，也许把社交平台做成公关平台会更恰当些。如果以增加粉丝为 KPI，就需要先了解社群营销的精髓。

---

① 品牌心理原型相关知识参考《如何让品牌直击人心》一书，中信出版集团，2020 年出版。——编者注

– 通过社交网络建设社群，吃力不讨好 –

吸引大量粉丝的前提条件是品牌已成功建设起来。先要理解因果关系。试图通过社会化营销建设品牌和社群，本身是吃力不讨好的事。

拥有大量粉丝的品牌，少之又少。粉丝不一定出现在社交媒体上，而忠诚粉丝也并不一定非买了产品后才成为粉丝。两者之间，可以毫无关系。

把社会化营销只归纳为建社群、拥有大量粉丝，这本身就是不正确的。

– 经营“影响力”，而非“数量” –

反之，经营好与粉丝的关系，必要条件是量要够少吗？

品牌建设是从 0 到 1，可以先经营部分顾客的忠诚度。让忠诚度高的顾客经营品牌的传播力。品牌要用心经营的只是很有限的（100 个以内）数量的顾客，要经营有影响力的意见领袖，经营的是“精”不是“多”。KPI 是影响力或传播力的“力度”，不是“数量”。

社群建设，是要培育有影响力的品牌意见领袖。下面，我们先谈有关意见领袖的营销策略。

意见领袖的影响力迷思

- KOL 策略，实效成疑 -

在互动营销中，有一个营销人很喜欢用的策略，叫 KOL 策略。顾名思义，KOL 是在某一领域自带权威背景的人，他们可以影响消费者决策，带来购买行为。比如，我是一个营销学老师，我推荐一本有价值的营销书给我的学生，学生们就会视我为 KOL，主动购买和阅读这本书，这是真正的意见领袖的威力。

不过，大部分品牌策略并没有找相关专业领域的意见领袖，而是付费给自媒体或网络红人推广产品。这一做法的 KPI，只是文章阅读量、点赞量或互动次数的增加，并不是销售的持续增长。因此，KOL 策略最多能带来不错的传播效果（假设数据是真实的），却不能带来消费者的购买欲望或者销售额。这样的 KOL 策略，其实毫无实效。

- 从 KOL 到 KOC -

近年，营销界热议一个新名词 KOC（key opinion customers），或称顾客意见领袖，他们首先要是品牌的顾客。但我接触的很多品牌，它们仍坚持使用付费自媒体（或者让它们得到购物折扣），去“收买”顾客。先看看这个自媒体有多少粉丝，然后付费给它们在社交媒体上发布内容，希望它们能够帮助传播，影响自己的朋友，带来销售。

很多营销人并不会采用KOC策略。品牌虽能计算阅读量和互动次数，但很难衡量KOC是否真能带货。KPI不达标，自然行不通。如果苹果的KOC可轻易被收买，只是为了折扣，并非价值，那这种非价值追求的粉丝与我们提到的忠诚狂热粉丝的定义相去甚远。

一般品牌的KOC策略中最大的错误，是把这群意见领袖等同于付费媒体，单纯衡量其曝光量。追其根本，是例如“信任”和“转化”这样的衡量指标无法捕捉，但这些才是KOC策略的目的。增加“曝光”是传统营销概念，认为有“曝光”才有“流量”。但社交营销（包括社群营销）为的是增强信任，通过影响力驱动购买，这是品牌必须要有的思维模式。

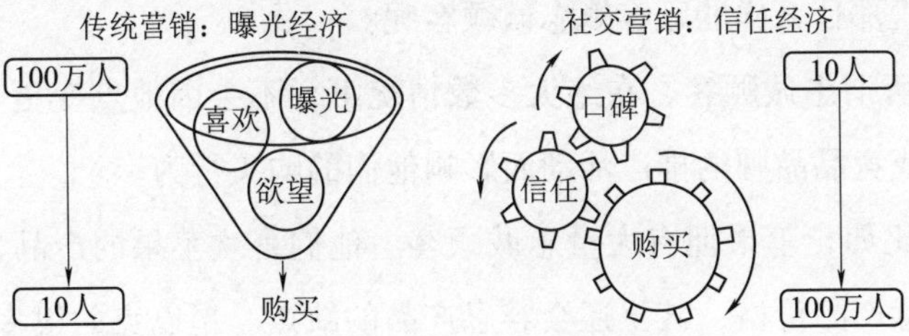

图 5-1　传统营销与社交营销的区别

营销，被品牌自认为需要量化的KPI挟持了。用心想想，现在的营销人多只关心数据，并没有关心消费者的满意度。

– 什么是 KOC 策略? –

在讲 KOC 策略之前，我们先理解一个重要的概念：经常购买某一个品牌产品的顾客，不代表就是忠诚顾客。

一个顾客经常去星巴克，不代表他喜欢这个品牌，也许只是因为星巴克开在他方便购买的地点。一个顾客经常买高露洁牙膏，也许只是因为在他光顾的超市里，高露洁牙膏经常降价。他们经常购买同一个品牌的商品，可能是营销策略中的 4 P 在起作用，地点方便、价格便宜、包装精美、推广活动，都可能成为顾客不断购买的原因。

某天这个固定顾客搬家了，当新家或公司周边的另一家咖啡馆地点更方便，或另一个牙膏品牌有折扣时，替换品牌随时有可能发生。

原因很简单，这个顾客并不算是星巴克或高露洁牙膏的忠诚顾客。那什么样的顾客算忠诚顾客呢？

所谓忠诚顾客，在绝大多数情况下，不会因地点变更、价格调整或竞品品牌的推广活动而影响他们的购买行为。

比如，苹果拥有大量忠诚顾客。他们喜欢苹果的产品，不会太介意产品价格，甚至还会容忍产品的缺点。星巴克的很多顾客，甚至不会刻意去比较市面上的咖啡价格，只要想去咖啡馆，就会想到星巴克。这些消费者，才是品牌的忠诚顾客。

而所谓的 KOC，他们不单是忠诚顾客，还是自愿推广品牌和产品的顾客。我们可以称他们为品牌的播道者（evangelist）。

KOC 是收买不到的，他们不是付费媒体。他们是因为使用了产品而爱上了品牌。无论在社交媒体，抑或线下聚会，他们都自愿传播营销信息，并推荐给他人。很多情况下，KOC 对品牌的喜爱甚至是非理性的，不需要合理化或解释。喜欢就是喜欢，这才是 KOC 的个性。

– 品牌如何培育自己的 KOC？–

不是所有品牌都具有拥有 KOC 的能力。要拥有 KOC，品牌需要具备几个条件。

1. 持续提供优质产品和服务

一个品牌最基本的竞争力是能够提供差异化的优质产品和服务。我有一位朋友特别喜欢丽思卡尔顿酒店，因为她每一次入住，都会获得非常体贴的服务，甚至在每一个特别的日子都会收到酒店的小礼物，让她感受到酒店的贴心。

绝大部分品牌即使有忠诚顾客，也并不一定拥有 KOC。培育 KOC 是一个漫长的过程，心血来潮随意做做社群营销是很难拥有 KOC 的。

2. 让消费者得到个性化的用户体验

到星巴克喝咖啡，咖啡师会把消费者的名字写在杯子上，然后加上小涂鸦或者问候语。这对消费者来说，是一个魔法时刻。

能够持续提供魔法时刻，让消费者感受到温暖，消费者对品牌的喜爱度会持续升温。比如illu illu能量饰品品牌，老板维克会在每一份寄给消费者的产品里，附上一张亲手签名的名片，写上顾客的名字和祝福语。其实这也是个性化的用户体验，一种延伸互动就是为消费者留下更深刻的品牌记忆的魔法时刻。很多消费者都会把illu illu的产品和名片一并发到微信朋友圈，帮助传播。这些消费者，就是KOC了。

3. 品牌要刻意培育忠诚顾客和KOC

有些品牌忘记了要关注消费者这个选项，以赚更多钱为目标动机，而非为了让消费者得到更大满足感，这样是得不到忠诚顾客和KOC的。培育消费者，要不断给他们惊喜。

广州很多本地人都很喜欢去点都德饮茶吃点心。点都德的新营销策略，就是培育消费者成为KOC，让一些经常去点都德饮茶的顾客成为试吃官，获得VIP礼遇。这样的做法可以不断激发消费者产生内容，让他们影响自己的朋友，成为点都德的顾客。

– 化痛苦为神奇 –

很多品牌将营销和销售视为过程，将消费者视作营销过程中的一个环节，建立的只是买卖关系，不是伙伴关系。

我投诉过一家旅游网站，它的客服态度很好，一直道歉，但却无法解决根本问题，所以我依然感到失望。这就是消费者的痛苦时刻（moment of misery）。

企业客服、商店售货员或餐厅服务员的工作，不该是只提供资料和售卖产品，更重要的是解决消费者的问题。无法解决问题，再有礼貌也没用，顾客仍旧会离开品牌。说到客服，全球做得最好的品牌大概就是美国的 Zappos 网站了。Zappos 创始人谢家华将品牌使命定义为“传递快乐”，让每一个消费者都感到巨大的愉悦感。所以，Zappos 的客服被授权可以通过任何方法，不惜代价去解决消费者问题、创造惊喜（魔法时刻）。也因此，Zappos 拥有大量的 KOC，他们不断对品牌进行推广和传播。

如果品牌根本不关心消费者的需求和用户体验，只关心营销的程序和成效及销量，那这个品牌基本不可能拥有大量 KOC。收买顾客帮助其传播的品牌，可能直到 KOC 策略失效，都没搞清问题出在哪里。

品牌的社群营销手段

坦白说，任何企业都希望能够通过赚取利润回馈股东，所以追求利润最大化本身没有什么不妥。因此，品牌的营销行为从来都是功利性的，品牌的社交营销也往往是功利性的。可是，消费者会希望参加一个社群，然后跟一个一天到晚只想赚自己钱的品牌交朋友吗？所以，消费者需要强大的诱因，才有可能认真参与到品牌的社群里。

那品牌的社群营销如何才能平衡功利和情感社交，从而获得更大的品牌价值呢？

– 案例解读：星巴克的创新平台 –

星巴克自 2008 年起，启动了一个叫 My Starbucks Idea（我的星巴克创意）的网站（mystarbucksidea.com），公开向粉丝征集建议和意见。

这个网站操作很容易，简单登记后，就可以为星巴克提建议了，包括新品、新程序、新包装等，方方面面可改善消费者体验的建议都可以。建议生成后，其他顾客可以通过互动、投票、改善建议等酌情采纳和优化创新。

在改善用户体验方面可行或可增加品牌价值的建议，星巴克都会采纳，并公开嘉奖建议的提出者，邀请他们成为星巴克的 idea partner（想法伙伴）。其中被采纳的宝贵建议包括：自带杯买咖啡，可节省减免一定金额；咖啡杯换成环保纸套，无须高价的防烫杯等。

这个网站上共计有超过 10 万名星巴克铁粉，提出超 20 万条建议，其中超过 500 个建议被启动。星巴克把改善用户体验的权力交给消费者，让他们获得品牌归属感和荣誉感。线上发挥社群力量，通过连接、互动、结网，提升星巴克的品牌价值。

– 案例解读：壹陆学堂 –

壹陆学堂是我和好朋友吴骎先生共同打造的一个新型知识分享社区。壹陆学堂的品牌理念就是为立志终身学习的商务人士，传递并分享对个人增值有帮助的知识，提供个人内功修炼的灵感；通过学习社群（线上视频教室、线下课堂和分享会），网罗优秀导师和分享者，进行读书笔记、营销文章、行业报告、白皮书等多种互动形式的学习分享。

壹陆学堂既然是一个学习社群，那就不是一个教室，而是一个由成员组成的组织。开始这个社群体现在微信群里。任何一个成功的学习社群，都必须有一个精神领袖，作为大家的学习对象。而在精神领袖和普通成员之间，我们还需要一些活跃分子，让这个社群每天都能够活跃起来，这包括一位聊天官、一些分享者以及一些活跃的成员。

其中，又以聊天官的工作最多。壹陆学堂的聊天官是张墨让女士，她除了每天挑起话题，跟大家聊最新的营销趋势、品牌活动之外，还会私下跟个别成员互动，搜集已经发布的有关商业的报告和白皮书，甚至国内外的营销案例。事实上，她的角色就是大家的朋友，增加大家对社群的向心力。

这个社群从2020年2月开始，两个月时间已经招募了超过150位付费成员，他们可以免费上我的网课，也可以以有限的费用（或者免费）聆听分享者的各种学习心得。最难得的是，这些以前大部分素未谋面的成员，能够每天在群里聊各种话题，除营销学问外，还聊各地美食、咖啡、旅游、护肤等话题，而且还在北京、上海、广州等地自发举办了多次线下聚会。通过这些聚会，成员们又成为KOC，带来新的成员。这个社群的社交活跃程度，实在非常罕见。

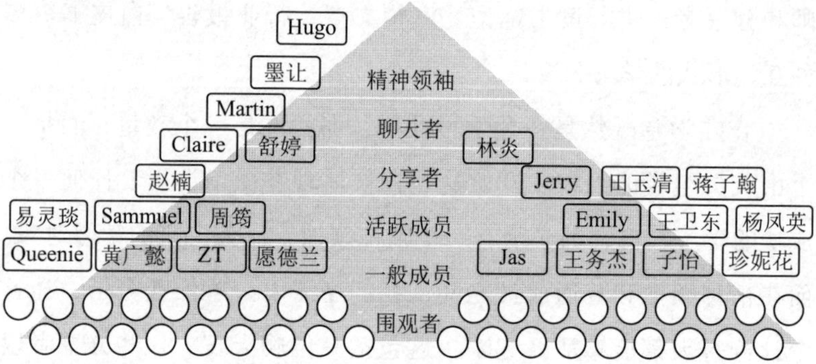

图5-2　壹陆学堂成员结构

2020年6月疫情缓和之后，大家就可以参加由我主讲的线下培训班和工作坊了。由此可见，一个成功的社群，除了大家都认同品牌使命，最重要的是大家都有一颗真诚分享的心，不只是为了功利而社交。

企业采访：分享是最高境界的学习

采访者：吴骎

受访者：壹陆学堂创始人 陈亮途

吴骎：为什么要建立壹陆学堂这个知识分享社区平台？

陈亮途：打造壹陆学堂和我的成长经历及个人使命有关，我原来一直都从事媒体出版行业，45岁因为机缘巧合正式转行，离开媒体行业做营销。打破一切广告公司的条条框框，跟不同行业、不同产品、不同阶层的客户交流学习，让我深深明白，分享才是最好的学习方式。我是终身学习的倡导者，希望通过讨论、实践、教授等主动学习方法，能让分享者得到更高效率的学习，获取个人内功修炼的灵感。

吴骎：您规划中的壹陆学堂将如何实现传递和分享知识，提供个人内功修炼的灵感？

陈亮途：这几年我们一直在线下开展培训课程及沙龙、夜话等活动，但由于疫情影响，2020年2月开始进行线上直播课程。壹陆学堂将通过线上视频教室和线下课题及分享会等多种形式，聚集更多优秀导师及分享者进行互动分享学习。其中基于微信生态的壹陆学堂会员群也是重要的传递及分享知识的平台。我们课后的讨论、分享及衍生的相关营销文章、行业报告、白皮书的学习互动是个人内功修炼灵感获取的关键，这样的学习效果是听课、看视频等被动学习所达不到的。

吴骎：如何有效地服务壹陆学堂社群，其运营的关键要素是什么？

陈亮途：我们需清晰设立壹陆学堂的初心，不能偏离“传递并分享对个人增值有帮助的知识，提供个人内功修炼的灵感”的使命。作为壹陆学堂的精神领袖，我需要为社群的小伙伴提供持续的收获、持续的诱因，不断激发和组织活跃的人群，开展多元化的话题。其中的秘密武器就是活跃的聊天官，她需要在群里及私下都和会员进行沟通互动，了解大家的需求，并提供相关解决方案，不断地将社群里的“一般成员”发展为“活跃成员”，甚至是“分享者”，保持社群的活跃度及凝聚力。其实，没有哪个社群的成员只讨论一个话题，他们讨论的话题也不一定要跟社群的主题有关系。重点是，我们要让社群的成员彼此之间能够主动成为好朋友，让他们能够有一个安全的聊天空间。这样，他们的聊天话题就从严肃的管理、营销、创业，扩展到轻松的吃饭、火锅、护肤、减肥、瑜伽、咖啡等。社群每天都能维持高活跃度，这样才能够产生动能。这也是社群成员能维持高黏度的关键。

我们应该把壹陆学堂的社群建设提升为培育、启发一批有影响力的终身学习者，从而更多元化地传递和分享知识给更多的人，为加入壹陆学堂的会员带来个人内功修炼的灵感，让他们最终都走上自己的阳光大道。

第6章

品牌定位

消费者心智感官

陈先生决定为女友挑选一款性感内衣作为生日惊喜。但作为男性，他对内衣品牌没有认知，哪家内衣穿着舒服、面料讲究，他对这些基本一无所知。

但他依旧快速选择了一个品牌：维多利亚的秘密（Victoria's Secret）。

记得有一次陪女朋友逛维秘线下门店时，店内传来的音乐正巧是她喜欢的美国歌手布鲁诺·马尔斯（Bruno Mars）的单曲《24K魔法》（*24K Magic*），伴随店内传来的一缕古典香，唤起了熟悉的愉悦感，女友当即选购了维秘的香水和内衣。即使陈先生对女士内衣品牌一无所知，但他知道送女友维秘内衣是不会错的。

此外，联想到每年备受世界关注的维秘超模内衣秀，维秘天使们的艳惊四座和所传达出的品牌形象，他相信女友也定会喜欢。

这里有一个有趣的发现，诸如陈先生这样的消费者，肯定不是维秘的目标消费者，但这个女性内衣品牌已成功占据了他的心智。对他而言，提到性感内衣品牌的代名词，非维秘莫属。

“定位”的正确姿态

–“定位”的定义 –

在获取市场份额方面，对部分企业和品牌主来说，定位理论较“现代营销学之父”菲利普·科特勒的消费者需求理论和波特五力模型的发明者迈克尔·波特的竞争力理论来说，效果更为显著。

但在认知和实际应用中，很多从业者却曲解了“定位”的意义，误以为定位就是在市场环境中，相对于其他竞争对手的位置。这直接导致很多企业和品牌主，因理解有误而错失了市场先机。

1969年，杰克·特劳特（Jack Trout）率先提出了“定位理论”。所谓定位，是让品牌的产品和服务牢牢根植于消费者的心智，并抢先占据有利位置。1972年，艾·里斯（Al Ries）和杰克·特劳特合著了《定位》一书，开宗明义：“定位”不是产品在市场竞争中所处的位置，而是有关品牌或产品在消费者认知中的位置（即心智定位）。而定位策略是讲如何成功将品牌或产品植入消费者心智，并占有独特位置的手段。

特劳特指出，随着外部环境变化，消费者权力增大，企业必须充分开发和利用心智资源，才有机会在市场竞争中趋于主导，从而获得长期竞争优势。品牌优势体现为消费者对品牌较竞争品牌的差异化认知。任何品牌定位，都是为了在消费者心中建立唯一的地位。这个“唯一”，让消费者愿意买单。

–“定位”的误解 –

前面提到，很多企业或品牌主误解了“定位”的意义，并错用了“定位”。

正如“将高价进口啤酒，定位为高端啤酒”，就是一个典型的错误理解。不是企业将啤酒定位为高端啤酒，它理所应当就成为高端啤酒了，而是要让消费者记得、理解并认同它是高端啤酒，“定位”才真正起效。重点在于品牌在消费者心智中的定位，企业的自我认知是无效的。

比如，消费者认为路易威登是一个奢侈品品牌、冈本是生产最薄的安全套的品牌、红牛代表提神饮料、戴森吸尘器是时尚又好用的高品质家电。真实情况是否是这样并不重要，重要的是对这些品牌和产品的认知，已根植于消费者心智中。

– 定位，凸显独到之处 –

阿普里尔·邓福（April Dunfor）在著作《显然很棒：如何让顾客拥有它，购买它，喜欢它》（*Obviously Awesome: How to Nail Product Positioning So Customers Get It, Buy It, Love It*）中清晰解读了什么是品牌定位，并列出十个步骤，带着读者正确学习如何定位。

他指出，大家都知道定位重要，但多数人都不知道如何为品牌和产品定位。定位，是在一个特定市场群体空间里，找到自己的独特位置，并满足这个市场空间里的需求，让这个空间里的群体感到满意。

需要特别关注的是，定位必须考虑竞争对手的位置（它们在卖什么、定价多少、目标消费者都是谁），这样品牌才能够通过差异化找到独特的空间，然后在这个自留空间中将竞争降到最低，甚至可以让竞争对手变得无关痛痒。做到这一点，就是营销战略的任务，具体如下：

1 设定品牌个性、沟通腔调和传播渠道；

2 明确产品的设计、功能、利益；

3 制定定价策略；

4 运用合适的推广手段；

5 找到销售渠道；

6　提升服务和用户体验的水平。

我们无法满足所有人，也不能假定掌握所有资源。所以，战略是关乎刻意选择和取舍的。品牌跟竞争对手没有差异，只会陷入红海竞争（遍布血腥的大战场）；区别于竞争者，才有蓝海机会（竞争者少，甚至暂时没有竞争者的小战场）。

要想定位发挥作用，品牌就必须学会将产品和消费者连接起来，让消费者容易理解，为什么品牌或产品可以为他们创造价值。

- 定位与营销的关系 -

定位，也是格局。

《华盛顿邮报》于 2007 年在纽约发起了一次真人现场版实验：特别邀请国际知名小提琴家约书亚·贝尔（Joshua Bell）参与。他在演奏时，通常入场券是 100 美元起，在知名剧院，交响乐团伴奏，他本人穿着优雅得体的礼服出席，直面台下成百上千同样着礼服的听众，45 分钟的演出，全场爆满。

后来，《华盛顿邮报》安排贝尔在某地铁站，打扮成街头艺人的形象，头戴棒球帽、穿着普通衣服，演奏他的成名曲，同样是 45 分钟。其间 1070 个人经过，其中 27 人打赏，6 人驻足，总打赏 32 美元。

这个例子告诉大家：同样的产品，不一样的营销策略（产品包装、服务、销售渠道、推广及定价），结果是天壤之别。这是一个经典的定位案例。

- 定位的使用谬误 -

定位不是一个企业随意而为之的功课，而是一个持续调研的过程。关于定位的谬误通常有以下三种。

1 **谬误：**定位是企业高管闭门制定的，制定后很难谏言修改。

正确：定位基于对消费者的洞察和市场变化，从而适时调整策略。

2 **谬误：**定位就是改变产品包装、销售渠道和定价。

正确：未占领消费者心智，就未完成品牌和产品定位。产品包装、销售渠道和定价是果，不是因。

3 **谬误：**市场因为品牌制定的营销战略改变而改变，所以品牌自己会找到合适的定位，企业无须刻意规划。

正确：企业假如被动地被定位，就永远无法找到最合适的营销战略。定位，是一个主动策略（active positioning）。

- 定位的 10 个主要步骤 -

企业要找到适合自己的定位，通常要经过以下 10 个步骤。

1 理解市场，选取一个“高需求”或“需求未被满足”的目标消费者群体。这是“消费者洞察”的精髓，因为这个群体的人口、心理、行为变数和消费场景，都是定义目标消费者群体的关键元素。

2 成立跨部门定位小组。就消费者而言，产品、服务、定价技巧、销售渠道都是决定购买的因素。定位不只是品牌部或营销部的工作，还应该是管理层的集体认知，是从上到下的思考。

3 即便过往积累了无数经验，一旦面临重新定位，就需要从零开始，包括对组织架构的颠覆。

4 列出所有潜在竞争对手的定位和营销策略，不论是成功还是失败的案例。腕表的竞争对手可以是手环、手链甚至佛珠；啤酒的竞争对手可以是可乐、矿泉水、咖啡，不一定只是其他啤酒品牌。

5 构思企业和产品的独特之处，看看对消费者有什么独特意义。一旦发现没有独特之处，就要创造一个出来。产品包装只是表象自嗨，绝不足以成为为消费者创造价值的特点。

6 将产品功能改为产品利益，再转化为消费者价值。消费者只会为自己能获得的价值买单，不会只为产品功能买单。

7 找到目标消费者最大的痛点和乐点，然后聚焦利益点，加强营销资源。反之，如果有多个优点，都有价值，那对消费者而言，反而是没有优点，也就没价值了。

8 设置适当的参照点（frame of reference），让消费者容易找到可参照的产品、服务、品牌和场景。2019 年，瑞幸卖的是随时随地可喝到的好咖啡，其参照点不是同样可提供咖啡的全家、7-11 便利店，而是主打第三空间的星巴克。这就是参照点（对标）对消费者心理的影响。

9 假如能把定位联系到时尚、生活和社会趋势，这个定位策略就更有说服力了。比如前几年的共享单车就是一个趋势，很多企业趁势推出各种“共享”，这样消费者就很容易理解产品的属性。当然，也有假借“共享”之名的，这样只会适得其反。

10 利用定位作为营销、销售、产品和客户关系管理的基础，让员工、消费者甚至公众都可以感知到品牌和产品的定位。策略关乎边界，定位才有意义。

很多品牌定位的第一步，是从品牌金字塔、辨识系统和沟通策略（在《营销长尾》第三章“品牌金字塔的构成”中可找到）开始，再给品牌定位，量身打造出品牌或消费者故事，便于员工和消费者传播口碑，从而形成一套完整的品牌定位方案。

简单而言，一个基本完整的“品牌金字塔”应该具备以下这些元素（见图 6–1）：

1 品牌使命；

2 品牌的目标消费者；

3 消费者洞察；

4 品牌关键词；

5 品牌给到消费者的情感性和功能性利益。

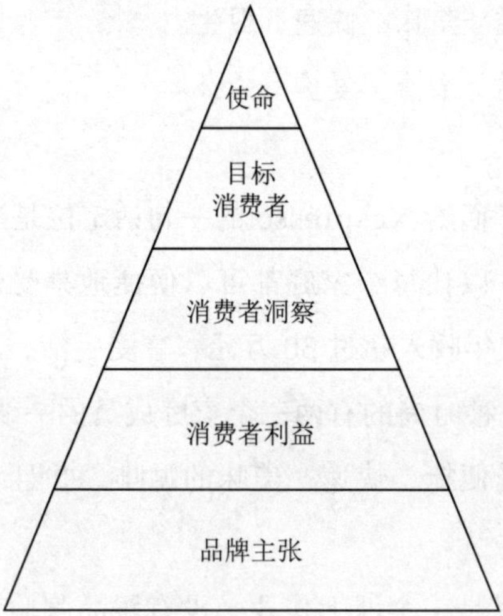

图 6-1 品牌金字塔

在我的课堂上，同学们曾经通过头脑风暴的形式，为 Nespresso 这个咖啡品牌做了一个非官方的“品牌金字塔”。

- 使命：让每个家庭都可以便捷地享受到最美味的咖啡。
- 目标消费者：两三个家庭成员的一线城市小康家庭，年收入超过 30 万元，享受生活，而且觉得在家品尝美味咖啡是一种时尚。

- 消费者洞察：觉得即冲咖啡难喝，享受家庭生活，每个人要不同的口味。
- 品牌关键词：享受、家庭、便捷、感情、味道。
- 功能性利益：美味、快速、卫生。
- 情感性利益：亲情、爱护、关怀。

最后，同学们给 Nespresso 的一句话定位是这样的：

Nespresso 以让每个家庭都可以便捷地享受到最美味的咖啡为目的，希望让年收入超过 30 万元、享受生活，而且觉得在家品尝美味咖啡是一种时尚的有两三个家庭成员的一线城市小康家庭，可以在家中享受便捷、快速、美味的咖啡，并且感到家人之间的关爱。

当然，这只是一个课上作业，没有跟品牌验证过。不过，这却是消费者的感觉，是他们定义的品牌定位。

何谓占领心智？

品牌占领消费者心智，具体表现为，消费者接触到一个产品品类时，会下意识联想到这个品牌，如看到汉堡想到麦当劳，提到咖啡馆办公联想到星巴克，说到提神饮料想到红牛。对多数消费者而言，麦当劳、星巴克、红牛已成为各自品类中的代表，而其他竞争品牌都只是“其他选择”，不是“第一选择”。

在正式探讨占领心智的方法前，我先带大家了解大脑是如何思考并做出购买决定的，这些购买决定与以品牌建设为驱动的营销有什么关系。

- 思考，快与慢 -

丹尼尔·卡尼曼（Daniel Kahneman）是历史上第一位获得诺贝尔经济学奖的心理学家，他的著作《思考，快与慢》（*Thinking, Fast and Slow*）[①] 彻底颠覆了人们对思维运行模式以及日常各类决策的认识。卡尼曼提出了一个对传统经济学非常有颠覆性的观点，就是在大部分情况下，人并不理性，偏见是与生俱来的缺陷。人类的思考分两个系统：系统 1 和系统 2。

系统 1 是一个快思考系统，倾向于无意识思考，依赖情感、记忆和经验做出迅速判断和抉择。但系统 1 很容易上当，固守眼见即为事实的原则，任由风险回避和乐观偏见引导我们做出错误的选择，且我们浑然不知。

系统 2 是一个慢思考系统，理性、讲究逻辑，因过程需要深

---

① 本书由中信出版集团出版。——编者注

思熟虑，所以运作较系统 1 要慢，无法做出决定的情况也常有之。当系统 2 无法当机立断时，大脑最后会交给系统 1 决定。所以，人类大部分时候的决定，都出于非理性。

作用于营销范畴时，“非理性”决定特指消费者对熟悉品牌的倾向，这样购买风险低，对产品品质有预期。当看到某品牌商标、外形，闻到熟悉的气味或触碰到可勾起回忆的物品时，系统 1 会帮助消费者做出“安全”选择。

我到超市选购方便面，出前一丁的包装袋很容易触发我的购买决定，即便旁边有正在减价或其他产品我也不会受影响。因为出前一丁是我从小喜欢的品牌，买它对我是“安全”的决定，所以不用深思熟虑就可决定。这就是系统 1 在发挥快思考时的效果。

我的朋友朱先生，在上海周边选房，最后锁定两套，距离下单只差临门一脚。

两套房子对比来看，房子 A 景观好，交通方便，周边是低密度住宅区、洋气十足的小镇购物中心，各类餐厅、名店应有尽有，但价格比相邻其他小区略高 5%；房子 B 位置略偏，但小区旁就是孩子未来就读的学校，优势明显，小区内外店铺虽不高端，但胜在方便实惠，价格也比房子 A 便宜 10%。

应该选择哪套房子呢？朱先生左思右想，难以抉择。直到朱太太说：“我喜欢房子 A，有在加州生活的感觉。”就这样，朱先生买了房子 A。

购买房子本应是系统 2（理性、深思熟虑）的工作。当难以决定时，系统 2 会把难题交给系统 1，从本该理性的决定转为感性决策。朱太太一句“我喜欢”，足以反映风险规避（这不是朱先生的决定）和乐观偏见（“像生活在加州”）的系统 1 的功效。

我们经常看到新款手机的各类营销信息，这些信息多围绕新功能、新硬件配备、摄像头像素、人工智能效果等。遗憾的是，大多数情况下，消费者会直接过滤这些复杂信息。他们只看品牌、外形、拍照效果这些基本信息。

品牌和它代表的关键词、与消费者的情感联结，才是大部分消费者决定购买的根本原因，并非产品新增的功能。很明显，这些炫耀功能的品牌只能撬动运用系统 2 决策的消费者，试图让消费者做理性比较是非常不明智的。

营销人的工作是影响消费者的购买行为。聪明的营销可以帮助消费者迅速决定购买自家的品牌。

所以，品牌不只是制定品牌使命（为何做），还要占领消费者心智（做什么），让他们利用系统 1 快速购买。

要占领消费者心智，简单的操作是激活消费者的五官记忆，让他们只要看到产品、闻到气味、尝到味道、听到声音、摸到触感，就会马上联想到品牌。这就是所谓的品牌感官（brand sense）。

建设感官品牌

马丁·林斯特龙（Martin Lindstrom）在2005年的著作《感官品牌：隐藏在购买背后的感官秘密》（*Brand Sense: How to Build Powerful Brands Through Touch, Taste, Smell, Sight & Sound*）中提出，在创建品牌的过程中，要善于利用感官（这里特指视觉、听觉、嗅觉、味觉和触觉）。

利用感官效果给消费者留下深刻印象，是品牌建立的核心，也是一个简单、直接的营销技巧。

- 1 感：视觉 -

最直观的感官当属视觉效果，如品牌商标、产品包装、实体店装修和橱窗摆设等。当然，视觉效果也包括统一性，如员工服装、颜值、广告视觉的统一性等。

看到这个商标，我们立刻可以知道是麦当劳。现在国人戏称它为“金拱门”（见图6-2）。

图6-2　麦当劳商标

苹果公司的商标是当之无愧的群体认知标识（见图 6-3）。

图 6-3　苹果公司商标

你正行驶在高速公路上时，看到这个户外广告（见图 6-4），会联想到什么？

图 6-4　麦当劳户外广告牌

绝大部分消费者都会反应出下个路口有麦当劳。很棒的广告创意！

这个广告牌的耐人寻味之处在于，麦当劳并没有露出完整商标，但我们还是一眼就认出了它。

麦当劳的标志，已占领消费者心智！

我们再来看看这张图片（见图 6-5）：

图 6-5　新加坡航空公司乘务员

通过女孩的笑容和制服，我们可判断出她们是新加坡航空公司的乘务员。

我在课堂上，曾放出一张仅显示 0.03 这一数字的课件，提问学生联想到什么。很多学生会笑称这是冈本（安全套品牌）。课件上连图片都没有，但学生只看到 0.03 这个数字，就联想到了品牌，可见冈本的品牌已深入人心。

20世纪50年代，可口可乐重新设计了圣诞老人的形象，为他穿上红色的服装，配上白胡子，制作并推出了一则圣诞广告。圣诞老人成为当年可口可乐在圣诞节时的推广创意。现今圣诞老人在大众心中根深蒂固的形象，就是可口可乐的杰作。

品牌标志、产品包装这些视觉效果，不单要好看，其精髓在于帮助消费者记忆、产生联想。现在企业在设计时常常忽略了这个作用，无法引起话题的视觉效果就是失去了占领消费者心智的先机。

一个品牌商标、产品包装无法被认出，或无法引起任何有关这个品牌的联想，那这个视觉效果就是没有做好。

－2感：嗅觉－

路过一家面包店，会期望烤面包的香甜；途经花店，会期待花香。如果走近一家餐厅，闻到的是垃圾味的话，那一定会食欲大减。所以气味虽可唤醒消费者，但也能消减欲望。

如果某些特定气味可以让人直接联想到某个品牌，那这个品牌给消费者的嗅觉记忆就很深刻了。

大家还记得婴儿爽身粉的味道吗？一个有着粉红色瓶盖、白色瓶身的强生品牌跃然脑中。

不知道有过购车经历的读者有没有发现，新车有一种专属的味道，这种味道像皮革味，又夹杂着一些别致的气味。很难想象这些所谓的新车味是厂商有意为之、特别喷上去的，就是为了让你产生“新”的联想。

不同品牌的车，气味略有差别。经典的1965年款劳斯莱斯银云，就曾在新车的气味上花巨额投资，研发包含了800种不同元素的气味，只为让车主感受到奢华、舒服和满足。

凯迪拉克的新车气味包含西柚、甘菊、龙篙和肉桂等的味道，迎合品牌对“生活、自由、追求”的主旨。

很多五星级酒店也会在大堂喷上独特气味。喜达屋酒店集团曾在多家酒店制造旧书和羊皮纸的混合味，以显示历史和浓重的文化气息。喜达屋酒店的常客一闻到这个气味，就有回家的感觉。

嗅觉效果也许不能让你直接辨明品牌，但能让你感受到愉悦、提升购买欲。如果品牌从未重视过嗅觉带来的神奇效果，也许就忽略了一个与消费者沟通的重要触点。

– 3感：听觉 –

受限于书的介质特点，我没有办法为读者直接呈现声音效果，那就举一些例子尽量让大家心领神会。

看到这段乐谱（见图6-6），你能猜到这是什么曲子吗？

图 6-6 诺基亚手机铃声乐谱

按照乐谱哼唱，这是诺基亚手机的出厂铃声。

在苹果智能手机问世前，诺基亚是当之无愧的全球手机行业领导者，超 4 亿用户熟悉它的铃音。潜移默化中，单凭铃音，诺基亚就已占领消费者心智。

在很多电影和电视剧片段中，演员使用诺基亚赞助的手机，巧借铃声作为推广利器。此举的宣传效果，大概比广告还好。

另一经典音阶（d f d s）是 1998 年英特尔在“Intel Inside”广告结尾时使用的旋律，清晰易记。

20 世纪 70 年代，可口可乐曾用《我想教这个世界唱歌》（*I'd Like to Teach the World to Sing*）作为它的广告曲。旋律一起，消费者立马就会联想到这则广告，同时还会联想起呼吁全人类团结一心的口号。你可能不知道这首歌曲的原唱是谁，但一定知道这是可口可乐的广告曲。

微信用户可轻松辨识这组旋律（d r f s）。因为铃声响起，他们会立刻反应出有微信电话进来了。

占据消费者的听觉心智，其实不难。一段为场景特别设计的音乐，一首深刻植入品牌广告中的曲子，都可以作为听觉策略。

-4感：味觉-

老干妈的辣酱好吃，值得用各种形容词去描述它刺激味蕾的感觉。

我喜欢麦当劳的薯条，它带给我的口感无法用语言形容，就是好吃。只要尝一下薯条，我就知道它们是不是麦当劳出品的。

1985年，可口可乐通过各种调研测试，做了一个事后令它非常后悔的决定，就是把经典的可口可乐口味换成新口味，并以此作为营销手段，推出New Coke（新可乐）。新可乐推出之后，销量大跌，还引发大量消费者不满。终于，新可乐在推出之后不到三个月，就宣布退市。经典的可口可乐再次回归市场。

可口可乐推出新口味失败是因为经典可乐的味道早已占据消费者心智，改变味道就意味着摧毁建设多年的品牌资产，得不偿失。

另一个教训是有关市场调研的可信性的。很多时候，消费者告诉品牌的喜恶，其实是他们通过系统2（前文提到的理性判断）筛选过的。一旦涉及真实场景中的购买，消费者大都是靠系统1

决定的。所以对市场调查结果要有所保留，详加判断。

30 多年前，红牛的所有调研均指向“难喝”。但当红牛饮料推出市场，消费者又一致表示，它是有效的能量饮料，能提神醒脑，因而在市场热卖，大受欢迎。现今，它依旧是同类产品中的领头羊。红牛的味道也占领了粉丝心智，如果因为“难喝”而改变红牛口味，势必弄巧成拙。

红牛的例子，源自“苦口良药”的情结。口味越不好，效果就越好。比如，很多人表示渔夫之宝药片是最难吃的治疗喉痛的药片，但他们同样认同它治疗喉痛最有效，且对清除口气有良效。

又如，被大众评为难吃的日本肠胃药正露丸，口感又臭又黏，但特别有效。“又臭又黏”这个口感也占领了消费者心智，让他们直接联想为有效。

味觉占领心智的手段市场上并不常见，鲜有品牌使用。但人类生性好吃，所以利用味觉展示独特性质，也是一种品牌建设的策略。

– 5 感：触觉 –

大家到实体店购买服装、家居及床上用品时，会忍不住亲手触摸质感：软硬度、重量、温度，甚至是舒适感。我们的认知里有毛巾面料、家具木质等记忆储备，对其的触感会直接反应出我们的喜好、熟悉感、新鲜感。而这种感受会直接影响消费者的购买决定。

去餐厅就餐，饮品有冷、常温、温热等选择。有些人喝啤酒饮料，会选冷饮；不喜欢冷饮的，可选温热。炎炎夏日，消费者会选冰可乐；伤风感冒时，很可能会点加姜热柠檬可乐。

有些女生喜欢丝质蕾丝内衣，因为喜欢这些面料的触感；有些男生喜欢牛仔面料，因为喜欢那种粗犷的感受。

对苹果粉来说，iPhone、iPad 与其他同类产品相比，金属的触感非常不平凡、圆角的设计、摸上去浓浓的设计感，都区别于其他品牌。

丹麦高档影音品牌 Bang & Olufson（B & O）生产了一系列多功能影音设备遥控器，特点是全金属，上手就可感受到实实在在的金属重量，给人一种品质的象征，难怪它的售价要比市场同类产品高了。

德国啤酒品牌 Hasseröder，斥资 3000 万欧元升级 500 毫升酒瓶设计。把原有的传统圆形酒瓶改成八角形，目的是让男士们获得硬朗的抓手感，以增强男性消费者对产品的好感度。不出所料，新装设计让男性消费者的购买量明显增加了。

很多时候，触觉跟味觉效果有关系。除了味蕾可感知味道外，口腔向大脑传达了食物的形状、咀嚼感等，这些与味觉相互作用，帮助我们判断我们对食物的好恶。

瑞士 Toblerone 三角巧克力，最让消费者感兴趣的就是三角的外形设计，在视觉上创造了独特性。这款巧克力入口，除了味觉，在口腔中的触感也与其他品牌巧克力不同。类似的例子还有中空圆形的宝路（Polo）薄荷糖，消费者喜欢将舌尖顶到圈中间时的触感。

- 多感官刺激 -

聪明的品牌在做产品服务的构思过程中，会将感官刺激的因素融入策略。如果一款产品无法为消费者提供任何一种感官刺激，那离占领消费者心智还有很长一段路要走。产品经理思维作祟，也是忽略消费者感受的一大原因。

案例解读：普吉岛悦榕庄度假村

普吉岛的悦榕庄度假村，除了是世界知名的豪华度假村酒店，它的水疗服务也是首屈一指的。其实在 20 多年前，就是悦榕庄水疗馆发明了通过刺激消费者的五感，给他们最舒服的感受的。

悦榕庄水疗馆设计优雅，触目所见都是柔和的灯光、精致的家具。步入水疗馆之后，你马上就可以闻到一股甜香的精油味道。这是悦榕庄特别调制的花香，可以让顾客马上放松下来；耳边还可以听到充满灵气的“新世纪音乐”（New Age Music），恍惚风声、水声和风铃声的混合体，让人悠然神往。随后，服务员会为你奉上特制的冰姜茶，先让你的喉咙滋润起来，让你有种清热解毒的感觉。

进入按摩房间（或者是室外的小棚子），除了这些视觉、嗅觉和听觉的刺激外，当然还有服务态度超级好的专业按摩师，用双手去触碰消费者的身体。用适当的力度按摩准确的部位，给消费者带来非凡的触感享受。

这些就是普吉岛悦榕庄发明的五感营销战略，给消费者带来难忘的经历。对很多人来说，这家酒店的水疗服务已经占领了他们的心智，认为这是最好、最正宗的水疗，其他类似的水疗馆都是模仿者。

他们这样说：

杜金凤

疫情过去后，赶紧去尝试一下这个五感体验，这绝对是一个令人向往的营销模式。

张弢

非常棒啊！这是我喜欢的氛围和感觉。读了文字介绍就想以后有合适的机会去体验一下，而且会推荐给家人和朋友。

企业采访：旅途中的感官之旅

采访者：吴骎

受访者：喆·啡酒店创始人　许冠雄（Sammuel）

在消费升级的驱动下，旅游消费的增长成为中端酒店崛起的原因之一。聚焦中国的酒店市场，经营能力强、连锁化率高、盈利能力更强的中端酒店品牌成为整个行业转型与进军的主战场。

随着消费能力的不断提升，越来越多的商务人士开始看重旅途中的住宿体验。相比于凸显性价比的经济酒店，提供更好设施环境及更优服务的中端品牌，成为新时代的消费选择。

喆·啡酒店是铂涛集团旗下的中高端酒店品牌，铂涛的基因是“品牌先行”，即尊重市场，完全市场导向，以消费者差异化的内心需求为原点，去创造相应的酒店品牌，喆·啡酒店的COFFETEL定位因此孕育而生。喆·啡酒店的创始人许冠雄跟我们解释了酒店提倡的“旅途中的啡凡存在”理念。

吴骎：您能和大家解释一下，喆·啡酒店的COFFETEL定位是什么吗？何为“旅途中的啡凡存在”？

许冠雄：喆·啡酒店商管团队在进行酒店消费者洞察时发现，中端酒店的核心消费人群是商务人士及休闲旅游者，他们在旅途中除了住宿，还需获得彰显个性和品位的体验。喆·啡酒店致力于满足这样的消费需求，将酒店的基础居住空间打造成一个综合性的生活空间，将差旅出行变为乐趣，更令住宿体验也变成一种时尚休闲。

喆·啡酒店的英文名取自黄金年代的意识流文豪詹姆斯·乔伊斯（James Joyce），COFFETEL是喆·啡酒店将Coffee（咖啡）与Hotel（酒店）相结合创造的全新酒店品类。这个品类旨在通过全新的方式解决消费者的商旅休闲需求及酒店住宿需求，将咖啡厅、文化书吧、艺术品长廊、商品展览区、自助餐厅集中在一个场景里，为商旅人士提供一个充满社交、格调的氛围，一个可以容纳各种文化、各种思想的多元化场所，构建一个丰富而独特的入住体验。

吴骎：如何让消费者记得在喆·啡酒店入住的这段难忘经历呢?

许冠雄：我们根据住店消费者进入房间的路径设计了COFFETEL的一系列体验：24小时Café（社交平台的共享大堂）+Hotel（生活美学的私享客房）+Galleria（连通区域的艺术长廊）。通过入住酒店消费者的视觉、嗅觉、听觉、味觉及触觉的记录反馈，将喆·啡酒店建设成为感官品牌，让住店顾客享受温暖、愉悦及带有咖啡香的醇享生活（Enjoy your life absolutely）。

吴骎：能带我们“亲身”体验一下入住喆·啡酒店“旅途中

的啡凡存在”的感官之旅吗？

许冠雄：好的，24小时的复古酒店大堂是喆·啡酒店最大的特色之一，也是展示多样体验的载体。每次入住喆·啡酒店总让我如同进入一个年轻化、多元化的元素与时尚复古的品牌调性相结合的咖啡馆，这里融入社交空间与情景体验，为消费者营造一个能够慢下来、感受内心、在繁忙旅途中获得真正满足的“啡凡”旅途体验。

踏入喆·啡酒店最新的3.0产品中，感受到的是来自五感的享受。在柔和的暖色灯光中走向复古的前台，仿佛回到了在巴黎咖啡馆的火炉边消磨掉的那个傍晚，到达无障碍式前台办理入住手续时，一杯飘着醇香的精品咖啡已经送到您的面前，选一本心仪的书，在乔伊斯书房阅读打卡，或者是在红色的皮质沙发上坐下，看3D雾化火炉在东方列车式的复古座位旁燃烧。爵士乐曲中，所有入住手续已经办好，喝着咖啡，通过铁艺复古文化长廊进入具有生活美学的私享客房。

进入客房，欣赏床头的复古挂画，将咖啡放在客房小型咖啡吧台上，放下行李，打开巴洛克复古琉璃台灯，继续阅读刚才从大堂拿的那本书，旅途的节奏慢下来了，喆·啡酒店的醇享生活开始了。

“旅途中的啡凡存在”是喆·啡酒店不变的追求，为了这个使命，喆·啡人都在精进三个问题：（1）如何令入住的客人，每天都可以享受一杯精品咖啡；（2）如何令差旅成为乐趣，住宿成为时尚休闲；（3）如何令生活节奏慢下来，让客人找到温暖快乐的时光。他们没有重新发明酒店，但正在引发并谱写一场酒店场景感官品牌建设的消费革命。

第7章

品牌定位

用户体验

有一次逛街时，我路过一家在美国很有名气的零售店 Kate Spade。当时没有进店购物的想法，只是被橱窗设计吸引，想借着橱窗当背景，给自己拍张照片。正待摆好姿势时，有位店员出来打断，表示橱窗前不能拍照。

令我不解的是，我所站的位置并不是店内，只是商场中的公众区域，为什么不能拍照？莫非这个橱窗有什么商业机密？在品牌橱窗前摆拍，不是对品牌的“支持”吗？假如我把照片分享到社交媒体，是可以帮助品牌传播的。每天橱窗前经过的人次上千，橱窗的作用无异于“户外广告”，如此“守秘”，实在令人费解。

随后，我又经过一家耐克旗舰店。坦白说，我日常很少选择耐克，因为它家产品过多讲究“创新”和“功能”，难免有失时尚。但这次兴致所至，偶发想做一次体验对比，顺道再看一下新款跑鞋。

正当我被一双跑鞋吸引目光时，一位店员走到近前告知我一个意外惊喜：可定制专属款跑鞋，为自己的跑鞋设计颜色配搭，一双全世界独一无二款跑鞋，仅我所有。这听起来实在是太有吸引力了，所以我当即坐到电脑前，开始精心配搭自己喜欢的颜色和款式，包括鞋面、鞋背、内衬、鞋底、品牌标志、鞋带，然后用自己名字（右脚印上英文名 HUGO，左脚印上姓氏 CHAN）的专属名设计代替了原本的耐克标志。

设计环节结束，我便迫不及待与屏幕上自己的专属跑鞋合影，发到社交网络，急切想分享自己的美好体验。不出意料，这引起了朋友们的批量反馈，有问在哪个店定制的，也有评论设计的，其中不乏大家的关注。

比较两个品牌，给用户截然不同的体验，这一局，耐克打败了 Kate Spade。耐克在营销上的成功，在很大程度上依靠品牌思维的差异性。消费者体验品牌的感受，无论好坏都有可能在社交媒体中传开，如果造成病毒效应，后果不敢想象。对零售业来讲，用户体验的重要性是影响其购买决策的关键。

所谓品牌力，最重要的三个元素是产品力、营销力和用户体验（见图 7-1）。要打造一个强势品牌，三者缺一不可。

其中，产品力是指产品有足够的吸引力，能额外带给消费者价值；营销力是在产品之外，关注定价、渠道和推广手段，看是否可以刺激购买；用户体验是积累正面口碑，为消费者带来满足感。

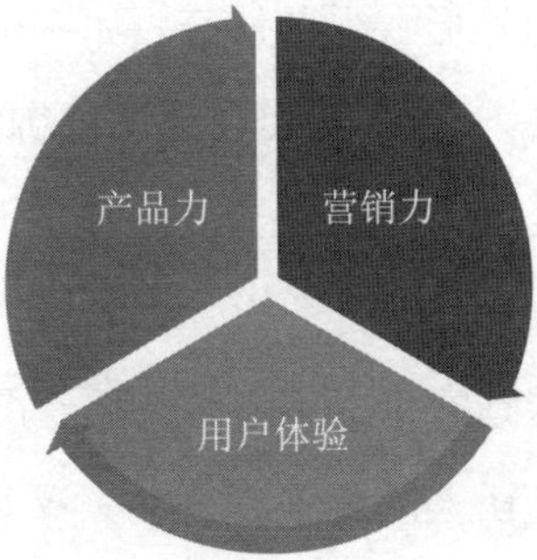

图 7-1　强势品牌构成三要素

再分享一个故事。我在微信朋友圈看到一款由创意大师江绍雄老师监制、设计和生产的茶壶款蓝牙音箱。这个叫 TIN 的宝贝外形别致，只一眼，我就彻底爱上了（见图 7-2）。

图 7-2　TIN 音响

它拥有茶壶般的外形，金属外壳，如一个别致的小家具一般。作为Gadget（小器具）控，我实在无法抵御它的诱惑，即便已有多款蓝牙音箱，还是动摇了，终于在一个月后，入手了这款“艺术品”。

两天过后产品送到家，密实的包装透着严谨，“艳遇中国”的品牌封条一丝不苟，让人既舍不得拆封，又期待着打开之后的惊喜。外包装下，是一个盒身熨银的黑色盒子，上面印着三个字母：TIN。

我小心翼翼地打开包装盒，得见期待已久的新宝贝，很难用语言描述我的喜爱。它现在摆在我的办公室，典雅精致，透着艺术气息，满载灵思和隽永。

这次购物体验，从用户角度我打满分。TIN让我真实触碰到创意，并感受到了品牌的用心，既满足了用户使用产品时愉悦的心情，又促进了用户与品牌的情感沟通。

很多时候，品牌都是从自己的角度出发，告诉消费者“我能提供什么”，而非从消费者的角度去思考“他们想要什么”。

消费者需要的不是功能、利益那么简单，更多的是品牌跟消费者之间的情感交流。

什么是用户体验？

用户体验是品牌跟消费者之间的重要交流环节和营销触点。

我听很多朋友说要创业，不是说要卖什么产品（卖珠宝、衣服、果汁），就是开一家什么店（花店、咖啡店、酒吧）。很少人会说，做生意是要为消费者解决难题，或为消费者创造解决方案。比如很多花店店主开店，主要是出于个人喜欢，而不是为特定人群的喜好，他们依个人喜好猜测卖花是一门赢利的生意。固态思维造成产品同质化或商而过量，结果是花店市场红海一片。过多同类产品和营销内容，只会让消费者难以选择。最后的结果是消费者通过识别品牌，又或根据产品价格和颜值，来做出购买决定。

布莱克·摩根（Blake Morgan）在著作《未来的顾客：赢得未来商业的十大指导原则》（*The Customer of the Future: 10 Guiding Principles for Winning Tomorrow's Business*）中，提出一个新思路：满足不断变化的消费者需求。她明确指出，随着科技进步，提供更好的用户体验才是营销的决胜之道。

毋庸置疑，20 世纪前 20 年的科技进步，让商业生态和消费者的行为产生了天翻地覆的改变。其中包括：

| 互联网、手机和社交媒体的普及，大大缩短了人与人之间的距离，也让品牌不得不赋权给消费者，传播营销信息。今天的品牌，绝对是消费者建设和塑造的，品牌也不应该再心存幻想，以为传统的广告信息可以一劳永逸。现在要塑造品牌，品牌自己是无能为力的。品牌唯一可以做的，就是创造美好

的消费者购物经历，让消费者可以获得美好的用户体验。

2 大数据应用，让消费者的行为不再是隐私。平时，用户的坐标位置、应用导航系统、使用社交媒体、参与电子商务（打车、订外卖、网购）、进行电子付费交易等行为经常被锁定。当这些行为赤裸裸地被平台、商家和品牌获得，用户就更容易被“精准”营销。对品牌而言，通过获取消费者行为数据，可以在每一个消费节点上，更有效地改善用户体验。

3 人工智能应用的日趋流行，让企业运营更加有效，在让消费者购物方便的同时，品牌主导着消费过程中的每一个触点。

假如企业主和创业者要卖珠宝、卖衣服、卖果汁、开花店、开咖啡店、开酒吧，却未能适应急剧变化的商业生态，无法满足越来越高的消费者需求，又怎么能有竞争力呢？

– 企业面对未来的商业生态的四个要点 –

1. 品牌需要有用户体验思维

过去，创业者和高管有的只是产品或者服务思维，一切都是为了增加销售额和利润。事实证明：以增加销售额和利润为目标的策略，都只是短期策略，不一定能长期有效、留住消费者；要想留住消费者、增加消费者忠诚度，只有让消费者得到美好的用户体验，跟消费者建立情感联系，加深他们对品牌的喜爱度。

2. 用户体验就是为消费者创造价值

今天的消费者不缺产品，他们最缺的是时间，最怕的是麻烦。亚马逊、苹果、谷歌，提供给消费者的都是节省时间的服务，为消费者解决实实在在的麻烦从而为其创造价值。

3. 产品和服务皆是营销信息

品牌提供令人惊喜的产品、服务和用户体验，消费者就会主动推广品牌，把体验告诉朋友，甚至会在社交媒体上发布内容，分享惊喜。当然，假如消费者得到的是恶劣的产品、服务和用户体验，同样会传播负面信息，对品牌来说是得不偿失的。

4. 塑造“用户体验第一”的企业文化

这牵涉到高管们的支持和跨部门协作，要打破企业的“产品经理思维”，跳出传统营销的“发布内容思维”，构建每一个员工都是品牌大使的思维，更要衷心拥抱跟消费者交朋友的思维。

未来的商业世界，由消费者主导。企业要经营的不是产品，而是消费者。消费者要参与到产品研发决定，甚至是营销活动中。这不但要求企业聚焦消费者，更要求企业高管时常与消费者接触，聆听反馈，不断提升消费者的购买效率和愉悦度。不久的将来，用户体验必会成为品牌竞争的利器。

- 用户体验是价格差异的原因 -

一杯咖啡，原材料（咖啡豆）价格可能只是几美分；把这些原材料生产成产品（美式咖啡），价格可能会提升一倍；咖啡在实体店里售卖，实体店会提供店员接待、空调、Wi-Fi（无线网络）、座位等服务，这杯咖啡的价格马上可以变成 1 美元。假如在这家店里，消费者可以感受到非凡的用户体验，他们甚至愿意付出 5 美元购买这杯咖啡（见图 7-3）。

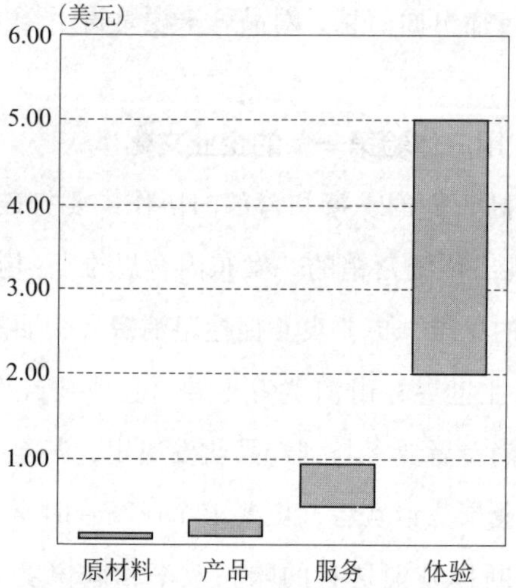

图 7-3　用户体验的溢价能力

这也是用同样的咖啡豆，便利店的咖啡价格远低于星巴克的原因。而一家普通的星巴克店的咖啡价格，又低于星巴克臻选烘焙工坊（Starbucks Reserve Roastery）里的同品咖啡。提供的服务不一样，消费者感受到的用户体验就有非常大的差别。

– 用户体验、品牌差异化和消费者的相关度 –

消费者很少直接购买原材料制造产品。对于差异化不大的产品（如矿泉水、咖啡、安全套），消费者很难分辨出差别（绝大部分消费者无法分辨各品牌矿泉水的味道差异）。但消费者可以感受到品牌提供的服务，这也是最基本的增值行为。消费者会因为服务，为高价格产品买单。如果消费者感受到独特、贴心和超棒的用户体验，价格敏感度会变低，甚至会心甘情愿多付钱，换取难忘体验。这就是用户体验的威力！

大家可由图 7-4 了解提升价格的差异化优势：

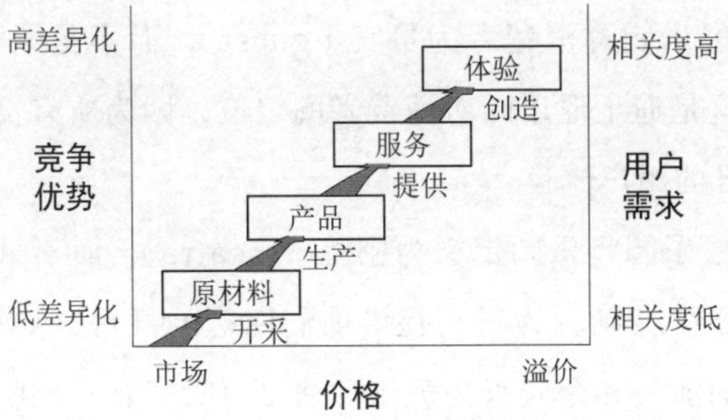

图 7-4　溢价能力递增图

品牌在提高价格前，要优先提供差异化高且用户相关度高的产品（戳中消费者需求痛点）。要想做到这点，品牌就要创造非凡的用户体验。假如品牌提供没有差异化的产品、标准的服务，消费者是不会愿意花更高价钱去购买的。

– 迪士尼乐园的用户体验 –

在众多品牌中，论非凡用户体验，不得不提迪士尼。

迪士尼乐园把员工称为演职人员（cast member），而不是服务员。他们每天的工作不只是服务消费者，还有投入角色，为消费者表演。

迪士尼乐园的主要收入来源是门票，且票价不低。但入园后，所有表演、游乐活动，都是不额外收取费用的。需要额外付费的，如礼物、餐食等，即便价格普遍高于普通商户，大部分消费者也是不会介意的。

迪士尼乐园称消费者为贵宾（guest），而不是顾客、客户、消费者。这是迪士尼乐园对消费者的定位，因为所有贵宾得到的都会是非凡的用户体验。

迪士尼乐园将乐园定义为剧院（theatre），而不只是一个场所。因为剧院会精心为贵宾提供他们期待的舞台、梦幻的建筑、倾情投入的演员和令人叹为观止的演出。贵宾置身剧院中，感受到礼遇般的体验，这些不是一般原材料、标准的产品、普通的服务就可以满足的。贵宾们心甘情愿付出溢价，换取难忘体验。

零售行业的全渠道用户体验之道

近年，零售业因为移动互联网的普及和人工智能技术的兴起，出现了翻天覆地的变革。超过30%的购买行为在线上发生，消费者通过线上支付、线下快递，足不出户就可以买到各种产品。人货场的重构，已经成为零售业的必然改革。

很多过去成功的品牌，因循成规，近年也纷纷面临各种挑战。“渠道为王”的模式已失去昔日光辉。而近年在互联网上大放异彩的消费品牌，也因单网上销售的方式，错失了很多在线下与消费者直面沟通的机会，用户体验大打折扣。于是，全渠道零售（omnichannel retailing）这个概念，成了新课题。

然而，有些品牌对新零售理解片面，误以为加入智能元素就可以提升用户体验。事实上，这些也只是营销战术，跟打造成功零售战略关系不大。

– 购物革命 –

美国宾夕法尼亚大学沃顿商学院的营销学教授芭芭拉·卡恩在其著作《购物革命：在一个混乱时代，成功的零售商如何赢得顾客》（*The Shopping Revolution: How Successful Retailers Win*

Customers in an Era of Endless Disruption）中，展示了一个相当重要且实践性强的模型，极具参考价值。

卡恩率先提出 6 个重要观点：

1. 很多品牌旗舰店的核心目的不是销售货品，而是建设品牌和增加跟消费者互动的机会，从而增加消费者的黏度和忠诚度。最佳例子是苹果公司，其体验店主要是用来展示和增加品牌资产价值的。
2. Z 世代消费者，品牌忠诚度相对低。他们几乎是互联网原住民，用于接触外界的媒体是手机。这样的消费者喜欢发现新潮流、新品牌、相信口碑、个性，较喜新厌旧，最重要的是他们喜欢网上社交、分享信息，对品牌发出的信息相对无感。
3. Z 世代追求使用产品，不强调拥有产品，哪怕租来或换来都可以。他们更注重用户体验，特别需要购物的愉悦感。
4. 这是消费者主导的时代，不能要求消费者做什么，要听取消费者建议，将品牌、产品和用户体验做到最好。消费者需要方便，因为“不方便”是他们过往购物的最大痛点。
5. 消费者需要的是在他们信任的零售品牌那里，买到自己想要的产品。
6. 要想赢得消费者，零售品牌就要提供比竞争对手更佳的产品和用户体验。

基于以上观点，卡恩进一步提出了零售战略矩阵（见图 7–5）。

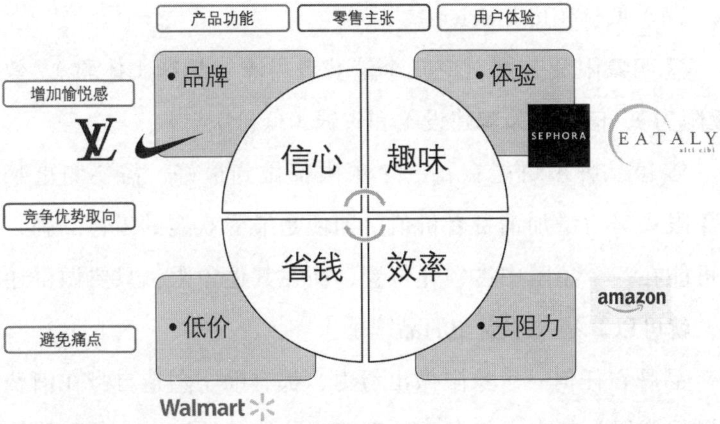

图 7–5　卡恩零售战略矩阵

1. 矩阵的两大维度

（1）零售主张（retail proposition）。品牌在这一维度上是应该倾向产品功能，还是增强用户体验？

（2）竞争优势取向（superior competitive advantage）。品牌在这一维度上是应该倾向规避购物痛点，还是增强购物愉悦感？

2. 两大维度下的四象限

上面提到的两个维度，可把矩阵分为四个象限，分别是：

（1）体验（experiential）；

（2）无阻力（frictionless）；

（3）品牌建设（product brand）；

（4）低价（low price）。

这四象限又分别对应几个消费者需求：趣味（体验）、效率（无阻力）、信心（品牌建设）和省钱（低价）。

零售品牌不可能在每一个象限都做到最好，需要侧重某一个象限去努力增加消费者价值。即便是最受欢迎的零售品牌，也只可能在一个象限中占领先位置，而在其他象限，只要做得还不错，就可以算是一个成功的品牌了。

品牌在任何一个象限做出努力，都有助于塑造自身在消费者心里的位置。其中，与本章最直接相关的是处于右上象限的体验式营销（experiential marketing）。品牌提供有趣的用户体验，让消费者获得愉悦。下面举两个品牌案例：丝芙兰和 Eataly。

丝芙兰是全球最大化妆品零售品牌之一，营业额约占全球的 6%，其中 20% 的销售业绩直接与服务相关。丝芙兰为消费者设计化妆品、提供皮肤护理服务，通过网络技术提供完整的消费者体验，让消费者舍不得离开品牌。此外，还会加强与消费者交流，如赠送礼品、免费服务等，持续增加消费者对品牌的好感度。在店内，消费者可随意试用产品，通过店员或智能镜子获取最佳建议和最新信息。丝芙兰希望消费者的用户体验能成为享受，不必因为没有购物而感到紧张。

Eataly 是以 Eat 和 Italy 的合成词作为品牌名的。Eataly 源自意大利，集餐厅和超市于一体。顾客可以只在超市购物，也可以只在餐厅用餐，不过顾客更喜欢在超市购买食材后，交到餐厅厨房加工美食。在选购和选菜的过程中，会有厨师或专业服务员讲解各种食材和各异的烹调方法，消费者可以边享受美食边学习烹饪。当然，Eataly 既有烹饪班，也有线上线下的交流社群，为的是让消费者在成为忠诚用户之余，可以成为口碑创造者，为品牌进行推广。

全渠道的未来

莱昂纳尔·宾尼（Lionel Binnie）的《全渠道零售的未来：亚马逊时代的预测》（*The Future of Omni-Channel Retail: Predictions in the Age of Amazon*），是另一本非常有启发性，且有关全渠道零售未来的著作。

首先，他开宗明义地提出了一个我非常认同的观点：颠覆已经是常态，企业现在要关注的是颠覆的速度和规模。

零售业过去几千年的发展路径几乎没有太大偏差。伴随工业革命的出现，实体店一直是非常重要的零售渠道，因为顾客到实体店才能买到商品，实体店是消费者购物的必经之处。其后，实体店又演化成百货公司、超级市场、大型商城、24 小时便利店、咖啡馆、快餐店等。

持续千年的情况到了近三十年，发生了颠覆性改变。互联网的出现、电子商务的流行、社交网络的普及、人工智能的萌芽以及科技发展让零售业生态发生了天翻地覆的革命。到实体店购物不再是唯一的选择，消费者可以在线上购物，足不出户，货品到家。这样的颠覆，不只让消费者的购买过程发生了变化，品牌也不得不重新思考用户体验。

如今，消费者获取产品资料、价格资料和其他用户评价非常容易，还可以随时随地通过线上购物、快递到家服务等分享体验。传统的消费过程已不复存在。零售业的新关键词是“任何地点”“任何时间”“任何渠道”。

实体店的变革将转向为消费者提供近距离的体验：线下发掘的惊喜和社交温度，这两点都是网购没有办法取代的。

- 线下发掘的惊喜 -

明明在网店有更多选择，为什么消费者仍旧喜欢逛街？实体店的存在价值来自逛和买的过程，消费者会有“寻宝”（treasure hunting）的感觉，一种名为主动发掘的愉悦感（joy of discovery）。

很多时候，逛街的初衷不一定是购物本身。当遇到一些有趣、有用的衣服、饰品或其他产品时，我们会情不自禁地想试一试。我想很多人都有过这种经验。

所以，实体店要做的是为消费者提供有购买冲动的惊喜，在消费者脑中植入“这家店是宝藏”的印象。这样的植入是品牌建设的一部分。实体店不是单纯为展示和销售而生，而是触发消费者主动去逛、试和购买的目的地。

我个人特别喜欢逛书店。20 世纪 80 年代的书店，一排排书架上分门别类地展示无数书。闻着阵阵的书香，就会有翻翻书、了解书中内容的冲动。每次逛书店，我都会花不短的时间选书。

进入千禧年，我爱上了在亚马逊购书，一方面是因为可以买到很多有关商业管理和营销学的英文书，这些书可以为我打开视野、开阔思路；另一方面是因为喜欢在亚马逊上“逛书店”的体验。除了每本书的读者评论可供参考，亚马逊还会根据我过往浏览和购书的偏好，推荐其他书单。此外，“一键下单”功能在方便之余，还降低了我的购物成本。

亚马逊阅读器 Kindle 的出现，对需要经常外出又酷爱读书的人来说，简直称得上是一大福音。一本 Kindle 可以容纳无数本书，且无须担心物理负重。拥有了海量电子书，也不用焦急等待书籍到家了。选购下单，当即就可以享受到阅读新书的愉悦。这个转变，是颠覆性的用户体验。

当然，我现在依然喜欢逛实体书店，只是心态更多是为“寻宝”了。诚品书店，是一家我很喜欢的书店品牌。在诚品寻宝，经常会为意外发现而惊喜，很多是亚马逊未捕捉到的书籍推荐，如不期而遇的武侠小说、各国野史、心理学著作等。当无意中遇到有趣的书时，我都会有一种如获至宝的惊喜。

他们这样说：

赵楠

逛实体店不仅是为了买卖，还有一种类似沉浸式的体验快乐。比如去书店闻到纸张书墨的味道，看到一排排书架和其他为了买书读书而去的消费者的表情和传递出来的感觉，这是一种“文化”的氛围，而不仅仅是一本本书。

刘俐俐

我还是很喜欢拿到纸质书和逛书店的体验感，这就是线下体验的优势吧！线上的智能推荐，感受还是不一样，只能推荐但不能“寻宝”。所以不仅是对品牌来说，对我个人来说，线上购买和线下体验有机融合才是生活的全部！

许冠雄

逛线下书店有逛街的那种体验，同时有寻宝感，会发现不一样的东西，有不同的感受，更多的是生活的融合感吧！其实我基本都是在网上买书，但是也依然喜欢逛线下书店，这两种感觉是不冲突的。

周筠

纸质书在嗅觉和触觉上给了我真实的感受，在等待中给了我迫切的感觉；逛书店，则给了我熟悉的新鲜感，比如诚品书店、钟书阁、言几又、西西弗等。

– 社交的温度 –

消费者选择一家酒店、餐厅、咖啡店，买的不只是产品品质，很有可能是潜在的用户体验。如服务态度、环境氛围、买单速度等，都直接影响消费者的用户体验。消费者选择在哪里消费，很多时候首要考虑的是用户体验，不是产品品质。

这里的用户体验，不是通常意义上的导购、服务员或销售员的机械态度，而是当消费者需要产品讲解、贴心服务时，他们主动化身伙伴，为消费者带去详细解答，通过互动让消费者产生温暖感。如星巴克的咖啡师在售卖的同时，还会特意为消费者写一些祝福语，或在杯上涂鸦一些小卡通等，这些都让消费者感到暖心。

很多人都感受过海底捞的超赞服务和非凡的用户体验。去海底捞吃饭，顾客常常需要轮候入座，其受欢迎程度可见一斑。这时，海底捞店员会引导消费者到指定位置喝茶吃小吃，甚至还有桌面游戏、免费美甲等服务，将候位变成乐趣。服务员的各种体贴和亲切，其他餐饮品牌很难超越。

海底捞所提供的，是社交的温度。通过与消费者连接、互动，跟消费者做朋友，给他们非凡的用户体验。

- 差异化的用户体验策略 -

下面通过图 7-6，解释哪些产品更需要实体店、哪些适合网店，继而找出各品类的相应对策，帮助大家判断用户体验的应用范围。

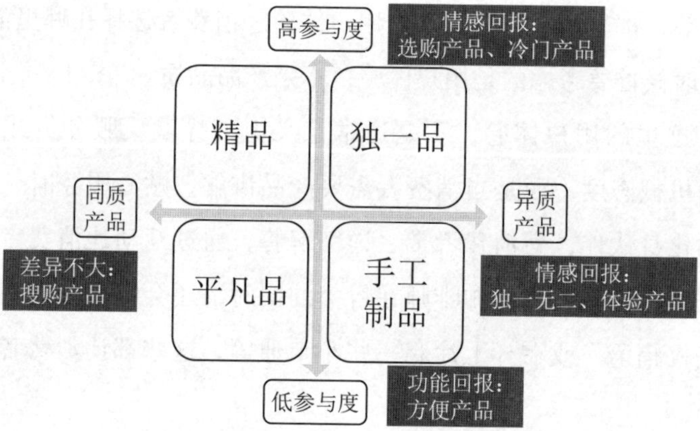

图 7-6　品类四象限应用图

图中的横轴代表各种产品之间的差异、越往左产品越同质（homogeneous），右侧为异质产品（heterogeneous）；纵轴代表消费者的参与度（customer engagement），这种参与度包含查找产品资料、获取信息、比价、比较品牌和渠道、跟品牌沟通所花费的精力等。

根据产品差异的大小和消费者参与度的不同，该图可分为四象限，每个象限的产品特征各不相同，其中：

平凡品（Mundane）指低参与度的同质产品，手工制品（Artisan）指低参与度的异质产品，精品（Elite）指高参与度的同质产品，独一品（Unique）指高参与度的异质产品。

下面再列举几个实例，帮助大家更好地理解各象限名称和其背后的含义（见图 7-7）。

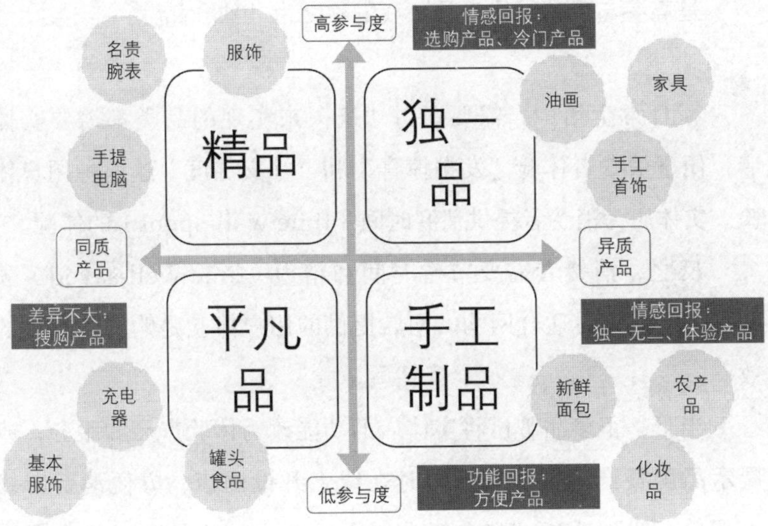

图 7-7　品类四象限举例

1 左下象限：手机充电器、标准化罐头食品、基础服饰等属于此类产品，这类产品同质化严重，且日常不需要太多参与，所以较其他象限品类，被称为“平凡品”。

2 右下象限：化妆品、农产品、新鲜面包等属于此品类，这类产品是单价低、参与度低的异质产品，所以被泛称为“手工制品”。

3 左上象限：名贵腕表、手提电脑、服饰等属于此品类，这类产品都是较同质且高参与度的产品，被称为“精英产品”。

4 右上象限：油画、手工首饰、家具等属于此品类，这类产品是高参与度的异质产品，我们称之为“独一品”。

在日常生活中，需要通过“逛”来实现的品类都需要实体店，便于消费者体验“发掘惊喜”和“社交温度”这两种用户体验。实体店为消费者提供消磨时间（time well-spent）的体验。

反之，消费者需要节省时间和精力（time well-saved）去购买的产品，更适合网购。网店提供的用户体验是购买和客服的效率。

当下，很多品牌已将实体店的功能改为体验产品和服务，或展示品牌资产。这些品牌同时在线上开设网店，方便消费者线上下单，线下收货。整合线上线下的能力，才是真正的全渠道零售。

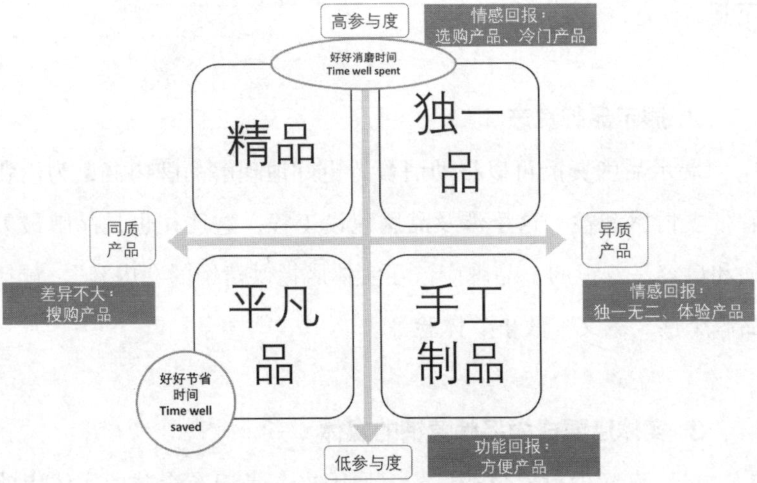

图 7-8　品类四象限的实际应用图

- 线下实体店的价值：传递温度 -

网购虽已普及，但线下实体店仍有其重要价值。

1. 提供用户体验的场所

实体店需要提供更多有娱乐性的互动元素，让消费者可以参与。售卖食品时，可以考虑烹饪班、烘焙班；卖球鞋品类，可以考虑让消费者穿上球鞋在店内运动来感受；售卖水晶首饰，可以让潜在消费者参加店内冥想班。苹果店的方式是在店内定期开办免费学习班，让消费者学习如何使用苹果的手机、平板电脑甚至是 App。

2. 展示品牌资产

展示品牌资产可以帮助消费者更好地理解品牌内涵，为消费者带去情感利益。这里涉及品牌建设工程，这往往也是品牌最欠缺和最容易忽视的。品牌应该在实体店提供营销的“内容”，包括品牌个性、意义、故事、体验等。

3. 实体店要成为品牌营销的媒体

星巴克绝少投放付费广告，原因之一是遍布全球的实体店就是现成的有效媒体，因为每天进店的顾客量已达到广告覆盖的有效曝光量了。对星巴克而言，实体店还是有利的社交场合，咖啡师与消费者亲切互动，增加温度感。

就算不坐拥众多实体店，也需要学习“零售吸力理论”（Theory of Retail Gravitation），拉动门店周边人流。与其“开店等顾客”，不如“开店拉顾客”。

4.“寻宝”功能

消费者之所以喜欢“逛”，是因为喜欢“发现惊喜”的感觉。消费者对于“寻找”和“发现”，即看到、闻到、摸到实物，有一种莫名的愉悦感。即便是平凡品，加入“发现惊喜”这个元素后，马上就会变成手工制品或者独一品。

– 线上网店的价值：提供无阻力用户体验 –

我是亚马逊的超级粉丝，所有英文电子版书籍都是从亚马逊网站购买的。它为买书提供了便利，购买流程够快、推荐精准、书评显而易见，且电子书的价格要比实体书更划算一些。亚马逊在 1997 年率先注册“一键下单”的专利（20 年专利），此举让它的用户体验优于竞争对手。

除了 Kindle 外，亚马逊推出的平板电脑 Fire 功能不逊于 iPad，但价格优于 iPad；亚马逊智能家庭助理 Echo 现已经成为很多美国家庭不可或缺的工具，只要喊一声“Alexa”就可以实现语音查询、基础娱乐（比如唱歌），还可以下单购物；无人商店 Amazon Go，无须排队结账，轻松提货买走；Amazon Dash 让用户通过一个简单工具就可以扫描家中产品条码，直接下单购买。此外，亚马逊还有很多单纯为了提升消费者的购物效率而设的服务。这一切，都是为了减少消费者的购物痛点，提供无阻力的购物体验，让消费者可轻易、快速地买到和拿到想要的产品。

用户体验是把双刃剑

– 当心用户体验误区：过分服务的反作用力 –

很多人会混淆服务和用户体验，误以为只要能提供好的服务，消费者就一定买单。事实上，试图判断服务好坏本身就是一种产品思维，品牌认为的好服务，消费者不一定认同。有些消费者甚至会认为过分的服务是骚扰，不是暖心。

用户体验好不好，要站在消费者角度思考。消费者对用户体验的要求不只是服务，还有诸如购买之前的搜索、网站浏览时的体验、实体店环境、购买过程的效率、使用过程的感受、使用后的利益，等等。所以品牌切记，不要自以为提供了好的服务，就等同提供了好的用户体验。

前面我们提到的海底捞一直致力于提供优质服务，在等位、用餐和离开等方方面面，都会提供优质贴心的服务，但仍有不少顾客会因这种过分的体贴感到不适。即便是引以为傲的餐品口味，也并不是所有消费者都认为好吃。

他们这样说：

田玉清

有好几次到海底捞，因为要排队一两个小时就放弃了。虽然服务员热情地招呼等位，可乐、姜茶等饮料免费，还送腾讯视频 VIP，但我受不了等位，也就不去占便宜了。用餐过程中，一直有服务员过来打扰，都不能好好聊天、吹牛、喝酒了。

黄广懿

去过两次海底捞，第一次是一个人去，因为听说它的服务好而去体验的，服务人员也真是比较热情，所以整体感觉还不错。第二次是和朋友一起去的，就餐过程中确实非常多的热情服务，不过吃饭期间聊天被打断很多次。对于个人来说，就餐是不需要过多服务的，最好就是我需要你的时候就能来这种感觉。有时候，过分热情是会影响用户体验的。

所以，品牌提供最好的服务，确实能够塑造一个鲜明的形象。“海底捞就是服务非常好的火锅店品牌”这个印象，已经深入大部分消费者的心智里。不过，最能够让消费者感到满意的，其实是品牌提供的服务刚好也是消费者需要的。我就是一个不太喜欢逛商店被打扰的人，所以买衣服的时候，最怕店员不断跟着我，不断跟我说话，推荐各种产品。

这也是我喜欢逛书店的原因，因为在书店基本不会有人跟着我，也可以让我任意地逛和看。唯一不喜欢的就是有些书店里的书根本没有拆封，这样的书店根本不欢迎喜欢逛书店的消费者，我个人就不喜欢这样的书店。

– 不佳的用户体验直接损坏品牌价值 –

我们再来看一下，不佳的用户体验又会带来怎样的不良影响。

我曾有过一次电动车售后体验的不快经历。车开过几次后，发现充电器损坏，随后与经销商取得联系，却并未收到预期中的协助，反而是一再推卸责任，经多次投诉，最终以退款告终。

从购买之初对品牌产生好感到售后体验的极大反差，让我对品牌的印象大打折扣。品牌损失的不只我一个消费者，当我把经历同步到个人朋友圈后，身边的朋友们也表示不会购买这个品牌了，这对品牌来说绝对是不小的损失。

身边此类的例子想必并不少见。如今是自媒体的时代，人人可以发声，每个消费者都可能影响身边其他人的消费决定。一次不佳的用户体验，很可能造成社交媒体上的疯传风波。

品牌没能抓住与消费者修复关系的最佳时机，对消费者造成二次伤害。没抓住原本可转危为安的机会，消耗了消费者最后的信任，实在是不明智之举。

– 善于提供用户体验 –

随着国人掌握的财富越来越多和消费升级，消费者对品牌及产品的要求也从无差异化到个性化体验，不一而足。曾经，优质产品和服务可以让消费者买单，但未来的竞争点将取决于用户体验。

不将用户体验作为重点关注的品牌，无论产品质量多好，都很难占有领先优势。我提醒大家，消费者是为自己喜欢的品牌和产品买单，而不是为市场上功能最好的产品买单。

企业采访：
塑造海南椰子鸡第一品牌的用户体验

采访者：吴骎

受访者：椰客创始人　黄刚

我跟椰客创始人黄刚（他更喜欢我们叫他阿刚），约在广州289艺术创意园的椰客店见面。中午12点未到，店铺门口已经开始有排队等位的客人了。

刚入店铺，就听到“大吉大利，欢迎吃鸡”的欢迎语，这是阿刚为增加员工的服务激情及营造吃海南椰子鸡的仪式感而设立的迎宾语。即使是疫情期间，店内还是坐满了顾客。这时候还愿意外出堂食可是冒着“生命危险”的，绝对是真爱，而且广东人对有关鸡的餐饮要求极高，愿意在椰客排队等位1~2个小时吃一顿椰子鸡，实属不易。那椰客的鸡汤为何有这么大魔力呢？

阿刚是个腼腆而又睿智的人，对于海南食材的研究近乎痴迷，早先从卖海南粉起家，一碗小小的海南粉，从原料、配菜、烹调工艺都反复调试。阿刚研发的海南粉酸甜可口，非常好吃，现在依然是椰客的招牌小吃。阿刚希望能将海南轻松、愉悦的生活方式带给大家，并将椰客打造成海南椰子鸡的第一品牌。在椰客吃完一次椰子鸡，你会对椰子鸡有新的认识和体验。

吴骁：椰客和其他火锅店最大的不同是什么？

阿刚：我希望能将海南“小而美”的生活方式带给每一位进入椰客的顾客。我们对于店铺的空间设计、产品定位，都进行了精准研究，让其和其他火锅店明确区分开。因为火锅属于社交性很强的餐饮，就餐时间较长，翻台率低，因此一般的火锅连锁品牌店面积都在500平方米以上，以提升就餐高峰时段的接客能力，而椰客店铺的空间设计只有不到200平方米；同时一般火锅店食材多而杂乱，有100~200款之多，为了保证供应及成本管理，许多火锅店的食材都用工业化批量速冻产品，无法还原食材原有味道，这就是火锅都要用重口味锅底或调料的原因。

吴骁：那椰客如何解决这些问题，实现“小而美”的消费体验呢？

阿刚：经过反复验证，我将椰客的菜品浓缩归类为5款椰子鸡锅底+26款配菜及小吃的模式，这样能让顾客快速做出决策，同时能最大程度还原食材原有的鲜味。椰客所有食材都是在店铺进行加工的，因此可以最大程度保证新鲜。而其核心产品椰子鸡锅底，选用养足156天的纯种海南文昌鸡，挑选2.5斤左右的重量，尽可能保证鸡的分量和品质都达到椰客的使用标准。同时坚持选用甜度为5.0~5.5的海南100%纯椰子水，烹饪出椰子鸡汤的鲜甜。

有人将餐饮体验分成“冰火两重天”两派：“火”的一派就是将主食材搭配各种香辣配料并采用煎、炸、爆炒等烹调方式，放大对味觉的刺激感；而“水”的一派则是尽量不加任何配料，采用焖、炖等烹调方式，最大程度释放食材原有的鲜甜。椰客就是“水”的一派，与其说是火锅，还不如说是一锅上等的鸡汤。我们希望用一锅暖暖的鸡汤，将轻松、愉悦的生活满足感带给食客。

吴骁：椰客做了哪些流程设计，让消费者都能享受到一锅最佳口感的鸡汤？

阿刚：为了让每一锅鸡汤的鲜甜及鸡肉口感得到保证，椰客食材下锅的次序和时长都由受过专业培训的服务人员亲自操作煮制，椰客的服务讲究适当时间出现、做适当的事情。椰客认为：过度热情的服务，其实会打扰食客享用美食的雅兴。为了让整锅鸡汤达到最佳的口感和味道，文昌鸡的大小和煮制的时间及各种食材的配比都有严格的标准。因此，椰客定制了24寸、五层钢一体成形的不锈钢锅。小而美的商业模式、轻松愉悦的用餐体验，需要椰客在各个细节都做到极致。

吴骁：我第一次来椰客印象最深的是那包有椰子香味的纸巾，是你们特制的吗，为何还免费赠送？

阿刚：人们对事物的评价，取决于与事物接触的最开始的记忆及结束时的记忆。因此，就算椰客的白米饭不赚钱，也一定要选用东北五常最优质的大米及最好的电饭锅烹饪，让大家吃到高品质的米饭，同时也会让消费者留下椰客食材高品质的印象。椰客免费送的纸巾是用椰子精油专门定制的，让顾客在用完餐后牢牢记得椰客的味道。

吴骁：疫情对于餐饮业的冲击是持久的，椰客会做哪些服务及产品的改变去持续提供“小而美”的消费体验?

阿刚：疫情的到来，让我和团队有了新的思考，餐饮不能只停留在店内销售产品，要逐步根据消费者的需求增加服务体验：对于家庭用户，椰客已经在着手推出海南椰子鸡火锅套餐食材，从包装到烹调的指引都能让使用者在家独自完美还原一锅鸡汤，并传递对家人满满的爱；对于办公一族，椰客将推出“一人食”的鸡汤炖盅，让每一个仍在加班努力奋斗的人，感受到生活的“小而美”，知道总有人在默默地爱着你。

从做海南粉到椰客，阿刚一直都在用心把海南最好的食材带给大家，“小确幸”的美好生活是阿刚对海南生活理念的解读。椰客，就是海南“小而美”生活方式的倡导者。

第8章

品牌定位

品 牌 故 事

我在《营销长尾》的第七章“营销长尾：从曝光到信任”中，曾介绍过 illu illu（一个能量饰品品牌）的案例，其中提到：维克是 illu illu 的创始人，也是一位专业的情绪能量咨询师、Usha Veda（瑞士一家获得多项权威认证的芳疗培训机构）芳香精油师、卡崔娜国际认证水晶能量排列执行师，甚至可以说，她就是一个自带能量的人。开朗可爱的性格，让她结交了很多朋友，也十分受朋友欢迎。她认为自己有一个特长，就是能够帮助别人提升能量，解决内在的心理难题。于是，从 2015 年开始，她决定创业，使命就是“帮助人类提升正向能量”。这个说法也许有点虚，但是她察觉到很多人不开心，都是因为缺乏自信和魅力。更具体一点说就是，事业、爱情、财运、家庭关系问题导致人们有不顺的感觉。不过，佩戴她设计的水晶饰品，人也会变得明艳照人、充满自信、散发魅力。维克说:“饰品不是主角，佩戴饰品的人才是。”

随后，她在品牌公众号上，进一步诠释了illu illu的含义:

illu是illuminate的简写，是照亮、点亮、带来光的意思。

这来自能量的本质。能量就是光，一切事物都是能量的振动组合。

水晶宝石是光的使者。它们呈现光谱的不同面向，显现不同色彩与形态。

植物蕴藏着不同的能量精华，以更直观的物质形态与我们相处。

你可以说，能量没有意义、水晶没有意义，或是很有意义。意义本身，来自我们的定义。当一些元素聚集在一起，互动出了某种我们期待或意识到的结果，这一切就形成了某种意义。

整个世界，是由我们意识中期待或抗拒的元素组合而成。我们选择了想要听到、看到、感受到的事物，这些事物糅杂上我们的情感，将我们带往每个人各自经历和以为的世界，我们的喜乐厌恶所幻想构建的世界。我们会有共同的认知，也会有自己独特的认知。

水晶宝石、植物是能量本质的呈现。我们选择它们，它们便陪伴我们，给我们提供纯粹与本质的视角，让我们有机会了解我们最初的来源、高远的所能或未来。

在都市中生活的我们，陷入对“美好世界”的无知幻想，穿得美美的、生活得美美的，或挣扎着生存——承认经过渲染的“美好”，却逃避认知还在黑暗中存在的人与事，这些同样在世界上发展、生长着。逃避意识到世界来源于我们的幻想、我们的无知：贪婪、懒惰、残忍、恐惧、害怕个体无意义等，会带来不断生长的黑暗。我们所抗拒的与我们所期待的一样，都会来到我们身边。

在我们真正真诚地承认与面对一切之前，没有一丝黑暗会消逝，本质的光芒不会遍布。

illu illu 希望带给人们光与爱，让人们看到真实。如果不能真正地给予他人支持——不是出于自我幻想的人和目的，那么至少诚恳地面对生活和经历的一切。不带虚伪，自在自然。

他们这样说：

杨舒婷

能量不是非常具象的东西，这里写得相对细致，让人看完反而有一点点懵。如果这里可以简单总结、概括一下我们生活中哪些东西和能量有关，然后再有一两句话能让人记住水晶的能量带来的改变，我觉得看完以后会更易传播一些。

张墨让

我是 illu illu 的目标消费者，当时也是因为这个品牌介绍，开始关注它的产品。我喜欢自然的饰物，因为原石都是独一无二的，相信它能带来能量。维克会根据消费者各自的特点为其量身定制，让消费者在收获能量的同时，选择一款属于自己的唯一的饰品，所以我会持续关注这个品牌。

事实上，维克在品牌公众号上写的并不是 illu illu 的品牌故事，而是有关品牌名字的解释，从而带出产品的功能。品牌故事不是品牌自己说的，而是一些真实又能让人联想到品牌的历史、发展和让人感动的故事。或者更好的是，消费者通过购买产品有所收获或是改变了自己，从而帮品牌塑造和传播的故事。

比如 illu illu 的一位消费者就这样说：

李飞英

我认识维克和她的 illu illu 品牌，并成为她的粉丝，过程是这样的：

1. 老师在课堂推荐她的手做精油，课余听到同学讨论维克家的月光石如何促成她的姻缘，在同学组群认识维克和产品。

2. 维克的各种水晶宝石首饰颜值非常高，满足女孩爱美的心理。

3. 维克的精油都是天然的植物味道，满足对嗅觉感官的刺激。

4. 维克提供量身定制的建议，让我可以挑选适合自己的水晶宝石。

5. 维克的品牌还有心理咨询推送，比如如何舒缓产后情绪等专业信息。

6. 觉得维克是一个开朗、活泼、善良、虔诚的老板。

以上就是我认识维克到成为她粉丝的过程。

这些都是消费者向其他人分享的 illu illu 品牌故事。

我写过很多关于如何用故事塑造品牌的文章，在《营销长尾》中，甚至用一整章（第二章：做一个有故事的品牌）的篇幅来讲述故事对塑造品牌的重要性及其方法。我把这个理念告诉了很多创业者，大家都跃跃欲试，但难免遇到一些实操问题，比如：品牌故事是被创始人从无到有创造出来的吗？什么样的故事才有效？品牌故事要如何讲？

品牌故事的魔力

品牌故事可以塑造品牌，主要有以下几个原因。

1 让消费者更容易记住品牌信息的最好方式就是将品牌信息融入品牌故事。故事比内容和信息更易记。数据显示，前者的记忆率比后者高出 6 倍。

2 当听到一个动人故事时，大脑会分泌出一种名为 oxytocin（一种肽类激素）的化学物质。这种特质是除了产妇的“催产素”之外的另一种“催爱剂”，是吃喜欢的食物、与恋人亲热或吸毒致幻时都会分泌的物质。它会让我们在听到开心故事时感到快乐，听到悲伤故事时潸然泪下。

3 有吸引力的故事能够影响消费者的情绪、态度和行为。

4 消费者不完全是被理性的产品信息影响，反倒是受情绪的影响更甚。当拥有一件物品，这件物品的延伸意义令我们满足、愉悦、自豪，又或让我们避免痛苦、减轻焦虑。

5 企业塑造品牌是为了与消费者产生情感联结，引发消费者的共鸣。单纯的功能利益不足以让消费者买单。

- 品牌故事的构建 -

案例 1：星巴克

霍华德·舒尔茨（Howard Schultz）年轻时，在一家瑞典厨具公司销售滴漏咖啡机，这让他有机会拜访当时位于西雅图的一家名为“星巴克”的咖啡企业。

在星巴克，有关咖啡的一切学问都是专家级的，他有机会得见如何销售现煮咖啡、香料及其他咖啡制成的调味品。潜移默化间，他被星巴克的咖啡文化熏陶，毅然跳槽加入了星巴克。

在星巴克工作期间，他前往意大利考察，体验了当地的咖啡文化。他发现意大利人将喝咖啡当作社交，在路旁小店随处可见边喝咖啡边聊天的消费者，还有些消费者享受在咖啡店内看书、工作或闲坐的时光。这些都让舒尔茨深受启发，决心将这样的咖啡文化带给星巴克。

但当时只有4家门店的星巴克老板对此想法嗤之以鼻，最后因理念不合，舒尔茨离开了星巴克。时间转到两年后，他带着足够资金将星巴克买了下来，之后成功打造了今天大家看到的“第三空间”（Third Place），并创造了如今全世界咖啡店都争相模仿的经营模式。

星巴克真正售卖的不只是咖啡，更是美好浪漫的体验。

案例2:“Charity : Water”

斯科特·哈里森（Scott Harrison）大学毕业后，有过一段“花花公子”的生活。他的工作是组织派对，因负责夜总会的活动推广，成功赚得第一桶金。

28岁那年，他在南非旅游，当翻起父亲送他的一本关于宗教的书时，顿有所感，反思过往，自己居然是没有灵性、走在道德边缘的人。回到纽约后，他辞掉工作，加入了一家人道救援组织，到世界最贫穷的国家担任随团摄影记者。

两年的游历让他深深体悟到，世界上之所以会有12亿人仍生活在极度贫困的条件下，是因为缺少纯净的水源。一年后，他决心创业，回归他的老本行：组织派对。但这次他要求每一位参加派对的人捐出 20 美元兴建水井，用于帮助落后地区。而由此，“Charity: Water”（上善若水）这家公益机构创立了。

今天，“Charity: Water”已成功在 24 个国家和地区，建造了 17000 口水井，为超过 250 万人提供了健康的水源。

案例 3：OATLY 燕麦奶

牛油果、羽衣甘蓝和燕麦奶代表了当今富裕城市的年轻中产消费者的最新菜单。这些东西在 20 年前，差不多是闻所未闻的。

燕麦奶的兴起跟越来越多的人有乳糖不耐受现象有关。这些人不能喝来自动物的奶制品，因此选择植物奶，植物奶的品种从之前流行的豆奶到今天最潮的燕麦奶，变得越来越多种多样。

1989 年，里卡德·奥斯特（Rickard Öste）在瑞典创办了 OATLY（噢麦力），开始生产燕麦饮料；1996 年开始在美国销售燕麦奶。2012 年，OATLY 做了一次品牌升级，把品牌从产品品牌转变为生活方式品牌，并把燕麦奶的目标消费者定为后牛奶一代（Post Milk Generation），将产品定义为健康食品，主打牛奶替代品。这个新的品牌战略吸引到一批素食爱好者和乳糖不耐受人群。此外，OATLY 也提出环保和可持续概念，降低对环境的破坏，不使用传统燃煤火电厂发的电，改用风电或者太阳能能源，同时每年评估水资源的优化使用，整个生产过程比其他同类相关品牌节约用水达 35% 以上。相关数据表明，燕麦奶能比牛奶减少 80% 的碳排放。

今天，OATLY 燕麦奶已经打进了很多知名咖啡馆，推出了类似燕麦拿铁的产品，深受追求健康的中产消费者的喜爱。

– 如何讲故事 –

林恩·格拉夫特（Lyn Graft）在著作《从故事开始：企业家指导你使用故事来发展自己的业务》（*Start With Story: The Entrepreneurs Guide to Using Story to Grow Your Business*）中提到，创业者的品牌故事越简单越好，公式如下：

故事（story）= 经验（experience）+ 商业意义（business meaning）

在书里，作者还介绍了 6 种类型的创业者故事。

1. 起源故事（origin）

一次，德鲁·豪斯顿（Drew Houston）乘坐巴士从波士顿前往纽约出差，途中发现自己忘带U盘了，U盘中几乎储存着他出差所需的所有文件。这段经历让他决定找出一个能够随时随地获得文件的方法。随后他创办了Dropbox（多宝箱），用户只需将文件上传至Dropbox并连接网络，就可即时下载文件。

2. 顿悟故事（aha moment）

珍妮·格鲁瓦（Jen Groover）经常为找不到包包里的钥匙感

到苦恼。一次，她偶然观察到厨房洗碗机中内置了一个碗碟架。她随之联想到，是不是可以将杂物像洗碗机里的碗碟架一样，整理起来放进包包？她的顿悟时刻让她开创了 Butler Bag（包包管家）这个设计品牌，并使其成为一家年收入千万美元的公司。

3. 糟糕经历的故事（bad experience）

卡莉·罗尼（Carley Roney）要在 7 周之内，自行完成婚礼筹备。不巧的是，婚礼当天非常热，而典礼天台没有空调。新郎、新娘和所有宾客着礼服出席，最终都大汗淋漓、扫兴而归。这无疑是一次不堪回忆的经历。但也正是这次经历启发她创办了一家专为婚礼提供规划服务的公司 The Knot。她希望所有新人可以避免同样的经历，将婚礼变成终生难忘的回忆。

4. 探寻归因的故事（finding why）

亚当·布劳恩（Adam Braun）在念大学时，有次在海上游学，途中不幸遇到了海难，差点丧生。自此，他开始回溯生命的意义，并开始游历世界。

有一次，他在一个贫穷村落遇到一个小孩，小孩问可不可以给他一支铅笔用来学习。这次经历让他确立了自己的人生使命：为落后地区的孩子建学校。26 岁时，他创办了名为 Pencils of Promise（铅笔的承诺）的公益机构，鼓励人们在办生日派对时，将互送礼物的预算改为捐赠 Pencils of Promise，所收款项用于建设学校。今天，Pencils of Promise 已在全球建设了超过 400 所学校。

5. 解决困扰的故事（problem solution）

本 · 西尔伯曼（Ben Silbermann）从小有收集纪念物的爱好：邮票、钱币、车票、蝴蝶标本、杂志都会成为他的收藏。空闲时拿出欣赏或分享给朋友看，都会让他获得满足感，可是有些收藏却难以储存、分类或携带。于是，他创办了 Pinterest（全球最大的图片社交分享网站），为有同样爱好的用户解决困扰。用户可以将藏品拍照，再上传至网站用于分享。今天，Pinterest 已拥有超 3 亿用户，是全球最受欢迎的社交媒体之一。

6. 大理想的故事（big idea）

1994 年，杰夫 · 贝佐斯开始关注尚处在萌芽期的互联网。他发现，互联网将会改变人类的消费行为。于是，他果断放弃了拥有高额收入的基金经理工作，离开华尔街，带着妻子来到西雅图，创办了亚马逊。

亚马逊的愿景是让消费者买到任何商品。任何人都可以评价商品，为消费者提高购买效率。此后，我们看到贝佐斯一步步实现他的大理想，并一度成为世界首富。他的故事，也被我们称作改变世界的大理想。

上面这 6 类创业者故事，有下面一些相通之处：

- 创业者的人生经验分享简单、真诚、打动人。
- 创业者不满足于现状，追求更高的人生价值。
- 创业目的不是赚取更多财富，而是为消费者创造非凡的价值。
- 并不强调产品的功能价值，而是强调为消费者带来满足感、自豪感和快乐。
- 创业艰辛，资金有限，用故事建设品牌性价比最高，也更易打动消费者，引起他们的共鸣，增加消费者对产品的喜爱度和购买欲。

讲述品牌故事是一个性价比高但却时常被市场低估的营销手段。伟大的品牌，苹果、微软、亚马逊、谷歌、阿里巴巴、星巴克、麦当劳等都不乏为人津津乐道、广为传颂的品牌故事。所以，千万不要小觑故事塑造品牌的威力。

品牌故事因何有效？

伯纳黛特·吉娃（Bernadette Jiwa）在《正确的故事：改变世界的简要指南》（*The Right Story: A Brief Guide to Changing the World*）一书中提出，讲故事是最能感染受众的方式。我们从小就喜欢听故事，通过故事，我们在脑中幻想出一幅幅画面、一个个情景，初步形成了自己的价值观。人类喜欢听故事更甚于读文字的原因，是故事充满色彩、能激发创意，相对文字更容易引起情感共鸣。

孩子在长大成人后，依然会延续听故事的喜好。想让消费者产生共鸣，品牌就可以通过讲故事的方式引发消费者的情感联结，让他们认可、赞赏、追求、快乐。

书中还介绍了一个故事罗盘（Story Compass），如图 8-1 所示：

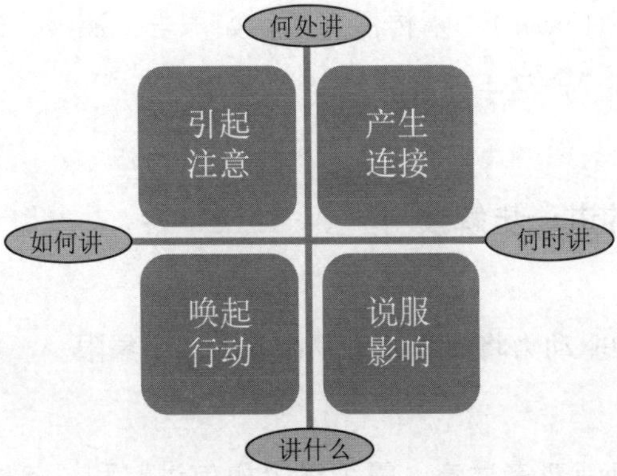

图 8-1　品牌故事罗盘

- 四个象限，解读品牌故事的驱动力 -

品牌故事罗盘相对应的四个象限，分别代表故事的驱动力（Story Drivers）可达成的目的：引起注意（Attention），产生连接（Connection），说服影响（Persuasion），唤起行动（Action）。

对营销人而言，需要先了解品牌故事的营销驱动力，否则无法制定战略和执行战术。营销驱动力包括以下四个方面：

1 讲什么（what）：指品牌信息，如标题、文案和品牌故事。
2 何时讲（when）：指传播时机，如购买前、购买中和节日等。
3 何处讲（where）：指传播渠道，如电视、户外、杂志、直播、自媒体、社交媒体等。
4 如何讲（how）：指传播方式，如广告、海报、游戏、展览、短视频、产品手册等。

– 四象限的进一步解读 –

这四种驱动力将品牌故事罗盘分为四个象限。

1 要引起消费者注意，需关注“如何讲”和“何处讲”，即品牌信息的传播方式和渠道。
2 要与消费者产生连接，需关注“何时讲”和“何处讲”，即品牌信息传播的时机和渠道。
3 要说服并影响消费者，需关注“讲什么”和“何时讲”，即选择有效的品牌信息和传播时机。
4 要唤起消费者行动，需关注“讲什么”和“如何讲”，即选择有效的品牌信息和传播方式。

人和人之间可以有效合作和生活，靠的是黏合力。黏合力不是天生就有的，要靠后天故事来构建。对谈时，情节是一系列“故事”的组合。“故事”输出的效果也会因人而异，讲故事的声调、表情、动作，甚至场景和心境的变化，都会影响故事的传播效果和影响力。所以，品牌故事战术中的讲什么、何处讲、何时讲、如何讲，都是很关键的策略。

故事让我们改变感受或观点。可以说，没有故事，就没有人类的进步。故事可以让情感产生共鸣，让人容易记忆、理解和感知。好的故事可以让人改变，变成更好的自己。

– 马斯克的大理想故事 –

埃隆·马斯克（Elon Musk）1971 年在南非出生。10 岁那年，他拥有了第一台电脑，并自学掌握了编程及软件设计。12 岁那年，他设计出一款电脑小游戏。童年时期，他就很喜欢关于外太空的信息，并怀抱星际旅行的梦想。17 岁那年，为了规避兵役，他移民到母亲的出生地加拿大。1992 年，他进入宾夕法尼亚大学沃顿商学院读书，并取得了经济及物理双学士学位。毕业以后，马斯克到了硅谷，获得了进入斯坦福大学攻读应用物理及材料科学博士学位的机会，但是在开学的第二天他就选择了辍学，决定离开校园自己创业。

1995 年，马斯克与自己的弟弟创办了一个名为 Zip2 的软件公司，这是一个为新闻机构开发线上内容出版软件的公司。他们花了四年时间将自己的软件完善后，以3亿美元的价格卖给了康柏电脑，获得了第一桶金。

1999年，马斯克又创办了一个名为X.com的线上金融服务公司，之后公司改名为PayPal。PayPal采用安全、简单又便捷的方式，解决了人们在网络世界的跨国交易问题。PayPal获得了惊人的成功，在全球拥有1亿多的用户。2002年，PayPal被eBay（易贝）收购，收购价格高达15亿美元。

同年，马斯克创办了一家太空探索技术公司SpaceX，想直接跟拥有国家级实力的美国国家航空航天局（NASA）来拼技术、抢客户。他的创新思维及实力，也只有美国、中国及俄罗斯三个国家能够相比。他的目标是打破过去发射火箭的限制，设计出可以重复使用的火箭，实现太空之旅的商业化，更期许自己有生之年能够实现人类移民火星的计划。事实上，SpaceX的使命就是要建设一个跨星际的人类文明。2020年，SpaceX终于实现了载人火箭发射，为现实梦想迈进了一大步。

在实现星际梦想的同时，马斯克于2004年投资了一家电动汽车公司特斯拉（Tesla）。特斯拉打破了过去人们对于电动汽车的刻板印象，采用突破性的锂电池技术，让它的第一款电动跑车Tesla Roadster能够行驶320公里以上，该款跑车从启动速度到动能都已经超越其他跑车。如今，特斯拉已成为全球销量最高的新能源车。

2008年，马斯克又创办了太阳能发电公司SolarCity。他认为，如果能成功提升太阳能的发电效率，将进一步为解决全球变暖问题做出贡献。SolarCity所产生的能源，也成为他的其他事业所需能量来源渠道之一。2016年，SolarCity与特斯拉合并，为推动特斯拉产品从电能驱动转为太阳能驱动而持续发力。

2013年，他带领团队开始研发超级高铁列车Hyperloop。该研究采用太阳能发电系统，构想Hyperloop列车可在一个特制轨道中，实现真空运行。其成本比高速铁路低，速度比飞机快，如果能够实现，将会是人类跨入未来幻想世界的一大步。

近几年，马斯克还投资创办了The Boring Company（地下汽车运输系统）、OpenAI（人工智能实验室）、Neuralink（脑神经科学研发）等公司。他的创业之路从网际网络、电动汽车、大众运输、太阳能到太空旅行，以商业视角来看，他的几乎所有事业都不像营利事业，更像梦想事业。但正因为有马斯克这样的梦想家，人类的发展进程才不断被推动。

这些不单是马斯克自己的故事，也成为SpaceX、特斯拉、SolarCity、Hyperloop以及他的其他相关事业的品牌故事。他的故事别具一格，有触动人心的魔力。他对事业充满了使命，不计成败或者个人荣辱。他关心的，只有人类未来。

他们这样说：

田玉清

马斯克的想象力天马行空，却总能实现。

陈丽斯

特斯拉的消费者说，爱上特斯拉是因为看第一眼就觉得它特别酷、迷人，是购买电动汽车的不二选择。买的人很少提及车的性能和功能，他们以购买一部特斯拉为骄傲。这个品牌的创始人太酷了，就是一个疯狂的现实版钢铁侠，粉丝、媒体会自发地创作关于他的故事。

张辰钰

“这个地球不配我死”是我对他最深刻的印象，他挑战宇宙时空的勇气、想象力和改写人类命运的使命感，让我深受鼓舞，也深深感动。

方娜

他很伟大，勇敢走在时代前面，革新梦想，对人类真的是充满大爱。不管别人怎么评判他、评判 SpaceX 或特斯拉，我都是坚持粉他的。

钱多多

马斯克是值得敬畏的人，给人大胆、创新和开拓视野的感觉。只要看到他做的品牌，就会觉得没有什么事是不可以创新和尝试的。另外，我买了 MODEL 3（一款特斯拉车型）之后，觉得产品真的很棒，功能、设计和外观都让人很满意，很像他的定位。最重要的是，如果有人要买新能源车，我会推荐他买特斯拉。

赵楠

我对马斯克的第一印象是感叹他的高智商。其次，作为一个纯粹的文科生，本人表示对科技本身有些许无感，但当科技造福于人类时就能唤起我的情绪，比如：他的脑神经学科发展应用挽救了许多人；如果全球都用特斯拉，那么减少的二氧化碳和废气会延缓南北极冰川融化，省下来的石油可以让一些土地和植物不被过分开采……可能是因为我对科技过于无感，所以觉得如果这些故事能把他个人的愿景和如何造福多数人更紧密地联系起来，我会更加感受到他的伟大。

品牌故事的正确应用

- 品牌故事：有效沟通 -

一个有效的品牌故事，必须具备三个条件：首先要有讲故事的人，此外，还要预判听故事的人会接收到什么，并假定他们会在什么样的时机下听到故事。

有一次，我到 Green & Safe（一家专业有机食品供应商）上海虹桥店吃午饭。这是一家我很喜欢光顾的餐厅，它的沙拉特别好吃。餐厅墙上，挂着两块黑板。一块写着“新鲜承诺，所有餐点都是现点现做”，另一块写着“我们承诺安心肉品，绝不施打生长激素，无抗生素残留”。这是 Green & Safe 的品牌承诺，也让进店顾客都可以感受到食材的新鲜度。

对消费者来说，这个品牌故事真实可信，可清晰接收到品牌信息。让消费者接收并认同，就是有效沟通。

- 品牌故事：传递信任 -

营销手段有很多种，比如广告、内容营销、活动、产品包装甚至店铺装修等，品牌用这些营销手段可以获得消费者关注（attention），但不一定能获得信任（trust）。信任是需要时间的，信任之下，才会有紧密的连接力和说服力。

如果消费者选购产品后，随即发现与品牌故事中描述的相去甚远，或干脆品牌故事与事实背道而驰，那品牌的信誉就会大打折扣。所以，品牌故事必须承诺真诚可信。

马斯克当初要研发和生产特斯拉时，几乎无人看好，结果他用事实证明了自己实现梦想的能力和决心。他说要做一家火箭公司的时候，全世界都在嘲讽他，可在经历了无数次失败后，SpaceX 成功发射、回收、再用。今天，SpaceX 发射火箭的成本全球最低，SpaceX 也是最可靠的私人火箭公司。

当泰国小学生被困山洞、面对死亡时，大家想到让马斯克去为他们解难。当新型冠状病毒肆虐全球，大家希望马斯克可化身超人去战胜病毒。

如今，因为他的承诺和决心，很多人相信马斯克真的会带着人类移民火星。这就是品牌（包括个人品牌）故事在消费者心里的定位，也是消费者对品牌的信任。

本章第一个案例 illu illu 能量饰品品牌，创始人维克自己研制产品，日常会积极与消费者互动，向消费者传授水晶能量的作用等。很多消费者表示，illu illu 的产品确有提升能量的效果。因为信任，消费者会自发为 illu illu 宣传，带来新顾客。这就是品牌故事带来的信任，因此促成的生意就是实证。

- 品牌故事：便于传播 -

听故事的人不但自己会被故事影响，还会成为影响别人的人。好的故事会口口相传，带来裂变。品牌故事要能让消费者对品牌产生喜爱、加强其对品牌的购买欲和忠诚度。

挖掘人性需求，才是营销的真义。品牌故事讲的不是产品功能，而是产品功能给消费者带来的满足感和愉悦感。

每一个品牌都是故事讲述者，重点是讲什么、跟谁讲、什么时候讲、在哪里讲、如何讲，能为消费者带来什么功能利益和感性好处，让他们转变成一个怎样的人。记住，品牌不是英雄，消费者才是英雄。消费者不会为产品买单，只会为自己买单。

- 普拉达的品牌故事 -

普拉达（PRADA）是意大利奢侈品品牌，由玛丽奥·普拉达（Mario Prada）于1913年在意大利米兰创建，随后在米兰开设了第一家精品店。当时美洲与欧洲的商业贸易与交通商旅频繁，普拉达就开始专营皮具和进口商品。玛丽奥遍访欧洲，选购精美的箱包、饰品以及服装等供上层社会享用。后来，普拉达开始制造一些针对旅行的手工皮具产品。当时的普拉达还没有太大名气，甚至在20世纪70年代，几近破产。

之后的一切改变源于一个女人，是她把普拉达发展成为我们今天熟悉的奢侈品品牌。她就是缪西娅·普拉达（Miuccia Prada，或称为 Miu Miu，缪缪），普拉达家族的第三代掌门人。

这要从传说中一个荡气回肠的爱情故事说起。缪缪 20 岁时，邂逅了一位街头画家，他长相英俊，身负才情，他们一见钟情。缪缪的家世注定他们无缘婚姻，但她决定冲破世俗枷锁，与爱人私奔。

他们租了一架飞机，准备逃往希腊完婚。然而天不遂人愿，飞行途中，飞机出现故障，飞行员率先背了降落伞跳了下去，画家给缪缪背上降落伞后才发现，降落伞只剩这 1 个。这时缪缪决定和男友同生共死，但男友义无反顾地将她推出了机舱。她获救后回到米兰家中。之后的岁月里，她再也无缘与他遇见。

后来，缪缪成了著名的时尚设计师，嫁给了一位名门之后。她的创意和丈夫的商业思维珠联璧合，随后普拉达的家族事业大放异彩。

20 年过去了。有一天，她收到一封信，信里面夹着一张美丽的画，展开信后发现，这居然是画家写的。原来那天飞机迫降在海上，他得以生还。他在信中说："我只是想让你知道，我还好好地活着，但请不必再寻我，现在的我已面目全非，并失去了右手。这些年，我一直在练习用左手作画，为的就是重现美好的画作，将它再次呈现在你眼前。"

终于，缪缪深藏于心中 20 多年的心结打开了。后来，她以这顶一直珍藏的降落伞为灵感，设计了一款背包，就是普拉达著名的尼龙包系列。

除了风靡一时的尼龙手袋外，普拉达于1983年推出皮鞋，1989年推出女装，1994年推出男装，1998年推出运动装系列。

1993年，缪缪推出以自己的名字命名的副线品牌Miu Miu。从皮件、服装到鞋子、内衣等，普拉达逐渐将自己打造成一个完整的时装精品王国，版图也拓展至全球。

今天的普拉达已成为蜚声国际的奢侈品品牌，无数时尚女性都为拥有普拉达的时装和包包感到骄傲。

他们这样说：

金明

品牌故事讲的好像童话！这样一个感人的故事，而且是生死患难的爱情故事，会感染很多消费者。消费者会因为故事去喜爱这个品牌，联想着自己也能有这样纯洁的爱情。听这故事就觉得这包值得买了，我会向朋友讲这个故事。

戴薇

人们向往真挚的爱情，尤其是女性。之前，我对这个品牌比较无感，但自从知道这个故事后，开始喜欢普拉达降落伞包，进而愿意了解它。单从外观设计上讲，它并没有那么出色，也许它最大的奢侈就是化繁为简的真挚单纯。

易灵琰

尼龙包是普拉达的一个系列产品，我确实会因为听了这个故事，给尼龙包加分，觉得这个故事很能增加这款包包的吸引力。

周筠

初读觉得品牌背后的故事好凄美，为爱奋不顾身，命运关头，挚爱之人把唯一生机给了自己。普拉达的这个案例更像在说女人的“蜕变”，从儿女情长到果断帅气。“死”过一回的人，转身蜕变，成为更好的自己，为此勇往直前。

企业采访：
小米椒让女性找到独一无二的美

采访者：吴骎

受访者：小米椒（Milletpepper）创始人　郭亮

小米椒创立于2019年，是一个全新的美妆品牌。在激烈的品类竞争中，创始人郭亮如何筹谋打出一片新天地呢？郭亮是经验丰富的电商专家，个性非常务实。小米椒的品牌故事，也是一个务实理性的故事。

吴骁：能和我们说说创立小米椒品牌的故事吗？

郭亮：小米椒的创立，源于我对该品类的洞察。2018 年，我们国内的彩妆品类交易规模达到 400 亿元人民币，而全球的彩妆交易规模达到 770 亿美元，国内的规模还不到全球的十分之一。此外，我们中国的人均彩妆消费金额也不到日本和欧美的十分之一。我们有这么大的人口基数、这么强的渗透率，我觉得未来 5~8 年，中国的彩妆市场能有翻倍的增长，出现这种情况的概率是非常大的。也就是说，未来几年我们的彩妆市场每年将会有 20% 的复合增长。我相信在目前的经济环境下，有这样增长的市场应该是非常罕见的，这也是我选择做彩妆的第一个理由。

第二个理由，我发现彩妆品类呈现出高端化的趋势。以前，中国的消费者更多喜欢买一些相对低价的产品、更加小白的产品，但是这几年，国外的一些彩妆品牌，尤其是一些高端品牌，在国内的发展非常迅猛。也就是说，我们中国的消费者也被教育出来，懂得什么是好产品、自己该使用什么产品。所以，彩妆高端化也是未来我们国内一个非常好的趋势。

第三个理由，中国的消费者也开始慢慢有自己的选择和调性，不会再盲从。中国的女性消费者有 43% 开始学习化妆，开始看一些美妆的教程，这说明她们在日益进步，而且越来越专业。

还有一个大趋势，就是从2017年开始，大量的国潮品牌出现。大家可以看到，虽然现在的彩妆市场一片繁荣，但并不是所有人的日子都那么好过。我们看到一些相对比较传统的品牌，其市场占有率和交易规模并没有特别好的增长，反而一些非常新锐的品牌迎来了爆发式增长。另外，我自己也有一个梦想，就是为中国创造一个在全球有一定影响力的彩妆品牌。基于这几个理由，我创办了小米椒。

吴骁：在产品规划上，如何使得小米椒在众多美妆品牌中脱颖而出？

郭亮：在产品规划上，包括眼影，我们都用5个月时间打造。一款单品最后能够量产，需要让彩妆师摸它的粉质，认为它是优质才能通过。所以我们换了非常多的制作工厂。但我觉得这一切都是值得的，好产品才是一个品牌的基石。

除了产品品质，产品颜值也非常重要。我们请了台湾顶级的设计师，他在美国、日本研修多年，为很多国际品牌，包括兰蔻、香奈儿等做包装设计。颜值好、品质好的产品，才是真正的好产品。

我们的品牌定位是“天生不同色”。这个定位体现了三个层面的主张：在精神层面，主张前卫创新、大胆突破、不拘一格、有年轻人气息；在情感层面，品牌希望传达的是，大家能够更开心，并通过自己的开心带动身边的人也开心起来；在功能层面，品牌传达的是专业，做潮流配色品牌。

在内容上，我们每半年会出一个主题。2020年新上线的这个系列叫音乐系列，包括产品命名、线下活动、社交电商上的媒体内容曝光，都会沿着音乐主线做整体推广路径。

吴骎：如何规划小米椒品牌信息的传播时机和渠道？

郭亮：未来的零售一定不可能是直接B2C的形式，而且现在的流量又贵又散，所以我们会召集更多的代理伙伴帮我们销售产品。这个过程需要大量的培训工作，赋能我们的伙伴做销售。所以，我们请了非常资深的营销大师做我们的品牌合伙人。同时，我们还要做大量的渠道、代理开拓和管理的工作。

这是我设计的有关渠道的新商业模式，我把它叫作B、大C、小C渠道模式，未来的主要工作就是针对大C做运营。所谓的大C，有几种典型画像。

一种是网红，未来一定有网红大行其道，他们的带货能力大家有目共睹。大流量的网红、碎片化的网红，都有自己的影响力，我们会通过合作让他们帮我们销售产品。

一种是化妆师，我们的彩妆走的是专业、高品质路径，所以能够满足化妆师的需求，他们也是我们非常重要的用户群体。

一种是素人代理，包括微商伙伴、代购伙伴、线下开店的伙伴，这些人都会是我们重点经营的合伙伙伴。同时，在他们卖给消费者之后，这些消费者中也会挖掘出一批小C来，我们会赋能这些小C成为大C。

我们为大C和小C赋能的5大核心优势包括：第一，要做品牌、解决终端动销的问题，我们会做大量的品牌推广工作；第二，我们有很好的培训体系，帮助大家建立代理分销模型以及2C销售的方式；第三，我们会不断地更新迭代产品，出一些更创新、性价比更高的产品，让代理不断销售；第四，我们不需要压货，支持一件代发；第五，我们会为代理赋能，帮助他们扩大影响力，即我们的造星计划，通过线下沙龙，包括旅拍、个人抖音网红打造流程等，帮助一些有潜质的代理变成更大的网红。

刚才与大家讲的从前期的构思到产品，到品牌，再到渠道的这些策略，就是我们这一年来做的事情。我希望国内和海外的消费者，能够通过我们的品牌享受到国内优质的供应链，也希望给大家带来高品质、价格又不是那么高的好产品。

第9章

挑战强品牌

品牌案例 1：英国饮品品牌 innocent

- 品牌背景及故事 -

1999 年，三位剑桥大学毕业生创立了英国饮品公司 innocent（天真）。时间回到他们创业的前一年，三人花费 500 英镑采购了各式水果，通过自研发，制成了口味各异的水果味饮品（后来的 Smoothies，思慕雪）。

他们将饮品带去音乐节售卖。摊位旁，他们竖起一块牌子，上面写着："你觉得我们应该辞职，创业来做思慕雪的生意吗？"牌子旁的两只大桶上，分别写着代表赞同的"yes"和代表反对的"no"，消费者可以将购买饮品所需的硬币置于代表不同态度的桶中。

音乐节结束，代表“yes”的桶里装满了钱币，而代表“no”的桶中只有三个瓶子。得到了巨大鼓励的三人，第二天就从所在的知名顾问公司辞职，开始创办 innocent。此后，他们还幸运地获得了一笔来自美国资方的天使轮投资。

innocent 除了售卖瓶装思慕雪外，还有新鲜果汁。产品的卖点是新鲜的口味和吸睛的外包装。2003 年，公司的销售额达 1000 万英镑，2012 年更是达到了 2 亿英镑。

innocent 的初心是认真做好产品，除了用最新鲜的蔬果作为原材料外，产品包装必须有趣可爱。脱颖而出的视觉效果会加深消费者记忆，这也是 innocent 最主要的竞争策略。当然，为到达消费者心智，品牌还需要一个战略性定位。

图 9-1　innocent 品牌标识

– 品牌形象的创意细节 –

innocent 品牌形象的创意细节主要包括以下三点。

1 品牌标识有趣易识别：头戴天使光环的纯真卖萌脸。

2 在顾客细节方面，innocent 的瓶子上不会印传统的“截止使用日期”，而是用“截止享用日期”。从“使用”到“享用”，一字之差，耐人寻味，足见其用心。

3 为了让顾客感受到 innocent 产品与自然的贴近、原料的纯真，其送货车以草皮覆盖，有些车直接就是母牛的外观，一边送货一边播放母牛“哞哞”的叫声以吸引大众。

– 品牌的社会责任 –

据调查，英国有大量留守老人。在漫长冬日，一旦进入发病高峰期，这些孤寡老人严重缺乏亲人照顾。

innocent 联合助老慈善机构 Age UK 联合发起了一项募捐项目：由志愿者织毛线小帽，戴在 innocent 饮品瓶上，并承诺每卖出一瓶戴帽果汁，就为助老公益捐出 25 便士。这个名为 The Big Knit（大针织衫）的品牌活动自 2003 年起一直延续至今，累计卖出 800 万瓶小帽果汁，募集善款超过 200 万英镑（见图 9–2）。买一瓶卖萌果汁或思慕雪，就可帮助孤寡老人度过寒冬，想想就温暖。

当然，在做助老公益的同时，innocent 也成功塑造了自己的品牌形象。消费者除了为“新鲜”“有趣包装”买单外，还能感受到 innocent 的“暖心”。

图 9-2 innocent 助老公益瓶

他们这样说：

邢子怡

让消费者选择分别代表 Yes 或 No 的桶的做法很棒啊，既做了调研，也让参与投票的人感觉到："啊！这个品牌的创立和我有关"，有种精神创始人的感觉。

赵英男

好的产品除了要有优秀的品质，还需要有超强的记忆点，能让人记住，并且可以传播。这个瓶子的设计爱了。

易灵琰

好的品牌定位由如下元素构建：

1. 好的产品研发；

2. 有意思的包装和品牌文化；

3. 结合文化所传递的公关活动；

4. 有创意的善意、让消费者参与的推广活动等。

从多维度影响消费者，在消费者心中的心智建设是立体的，会很容易被记忆和认可。

张迪

首先说品牌故事。这个冷启动的故事很有意思，摊位边立的牌子是亮点，我倒不觉得这是在做用户调研，而是在用猎奇的心态抓住消费者，如果我看到也会买单。其次说创意。在现有的普遍认知中找一个变量改进一点点就会有不一样的结果，我认为这就是创意。比如现在的直播带货，就可以看成电视购物，只是媒介形式变了。如果全新的就叫创造了，是从无到有。innocent 在创意的细节上很贴心，把“使用日期”变成“享用日期”，充分表达了对消费者的尊重。这也贴合现在我们在做的各种触点管理，在和消费者接触的每个细节上做优化。

赵楠

好的洞察赋予产品更大的意义，好的产品更有力地证明了品牌主张，加深了消费者对品牌的信任。人人都有关心别人的愿望，从而证明自己是个有爱心并且有能力付出爱的人，在这样的公益活动中，innocent 这个品牌和“爱”紧紧连在一起，这个品牌变成了生活中一种爱的存在。

周筠

好的品牌让买方、卖方以及社会三方共同受益。通过清新可爱的包装设计、环保的理念让人记住，简单而纯粹。

品牌案例 2：Umpqua 银行

– 品牌背景及故事 –

很少有人乐于直接到银行办理业务。因为需要取号、等待叫号，人多时甚至要等上几小时，最后很可能还没办成业务。到银行办理业务，是一件费时费神的事。

所以现在很多用户更愿意通过网银办理业务，方便快捷。不过，有些业务，如贷款、理财或开户等，还是需要亲自前往，无法避免。

1953 年创立的 Umpqua 银行，起初是美国俄勒冈南部的一个社群，社群内的成员都是伐木工人。其中一个成员为协助其他工人兑现工资支票，开办了这家社区小店。除辅助处理财务事宜外，这家小店也是社群的一个聚集点，大家在这里一起喝咖啡、玩扑克、交流日常生活琐事等。慢慢地这家小店逐步发展成为一家当地银行，伐木工和他们的家人都喜欢到这家银行聚一聚。这就是 Umpqua 银行源起的品牌基因。

– 品牌形象 –

Umpqua 银行的品牌标识，是一棵在绿底反衬下的湖边树（见图 9–3）。这道出了 Umpqua 银行的发源地，在视觉上传达了品牌的创始故事。另外，其官网上写着这样一句话：“我们将顾客视作有血有肉的人，而不是流于表面、无须走心的顾客”（We don’t treat customers as customers. We treat customers as people.）。

图 9–3 Umpqua 银行品牌标识

顾客到 Umpqua 银行门店办理业务，与其说是走进一家银行，倒不如说是咖啡馆更贴切。门店内摆放着设计舒适的沙发和桌椅，弥漫着咖啡和蛋糕的香味。顾客坐下来，感受着品牌带给他们的停留时光。在等候时间里，顾客可观看电视、电影、上网、打游戏，也可以参与虚拟保龄球联赛，赢取奖品。待轮到顾客办理业务时，身着悠闲商务装的接待人员会将其带到特色会议室里，职员会主动与顾客互动交流，让顾客减轻等待时的焦虑。

结束一天的营业，Umpqua 银行门店会摇身一变成为社区中心，顾客可来参加瑜伽班、烘焙班等，又或参与跳蚤市场，互购闲置物品。

Umpqua 银行打破了人们传统观念中固化的银行形象，变成了一个充满温度、顾客爱去的社区。Umpqua 银行是一家美国本土社区银行，并非经营国际业务的大型银行，所以了解这家银行的非本土顾客不多。但只要 Umpqua 银行所到之处，都能吸引大量顾客。

根据 Umpqua 银行母公司 2020 年 4 月发布的财务报表，Umpqua 银行在美国 5 个州经营 300 多家分行，2019 年净利润超 3 亿美元。

他们这样说：

林焱

非常棒的社会化营销案例，这种跨界可以解决冰冷的银行体验问题，也可以用于更广泛的行业来尝试新的开发方向。

张辰钰

社区银行创造了一个氛围舒适、时间增值的第三空间，同时还能办理金融业务。

许冠雄

喜欢它的洞察，让顾客把控自己的时间、观念、生活价值观的商业模式。酒店公用空间也在做类似的资源整合项目。

赵楠

Umpqua 银行的案例简直绝了！！！我之前 12 年一直在金融类公司工作。12 年穿衬衫西服让我深知这有多么压抑，尤其是对长期在这种环境下工作的员工来说简直是心灵上的摧残！如果我的社区里有这样一家银行，我会非常愿意时常去逛逛。而且这也和我一直在思考的一个问题相关，那就是金融等无实体的行业以及和生活联系比较少的行业（不用经常去，也无法通过佩戴其标志等彰显身份），如何能时常让客户在生活中感知自己。

一般而言，每个行业只会有为数不多的强品牌。比如说，快餐行业的强品牌主要有麦当劳、汉堡王，咖啡行业的强品牌主要有星巴克、Costa Coffee，运动行业的强品牌主要有耐克、阿迪达斯。

大部分行业充斥着大量小品牌，它们要挑战这些品牌巨人很难。除了资源相对短缺，最重要的还是它们在品牌建设中一筹莫展。这些小品牌资金有限、创意不足，也欠缺颠覆行业的思维，更重要的是，欠缺挑战强品牌的方法。

– 品牌建设的要点回顾 –

1 制定一个让消费者认同的品牌使命。
2 经营与消费者的联系力和社群营销。
3 制定占领心智、用户体验和品牌故事三个层次的品牌定位策略。

innocent 的使命是“让人们通过购买健康饮料，就可以为社会做善事”。品牌将消费者、志愿者和需要照顾的老人联系起来，形成一个营销闭环，生生不息。这个品牌使命在社会中产生极大共鸣，也帮 innocent 塑造了一个非常正面的品牌形象。

此外，innocent 产品对环保和食材新鲜感的坚持、对包装颜值的追求，甚至品牌故事的传奇性，都成了消费者的社交货币。换句话说，innocent 能够有效地让消费者成为品牌的粉丝，并带动更大的营销力度，让一个本来毫无优势的品牌成为英国国内受消费者欢迎的品牌。

Umpqua 银行的品牌使命是“积极融入消费者生活，帮助他们管理财产”，为了成就这个使命，“品牌关注的是每一个人的生活，而不是每一个银行账户的业务往来”。很明显，Umpqua 银行经营的不是与消费者的业务关系，而是与消费者的个人关系。银行职员能叫得出顾客的名字，理解他们对生活的需求，让他们感受到贴心的服务。

Umpqua 银行积极组织社群活动，让社群成员能够连接和互动。消费者会被银行的品牌故事、氛围、举办的活动所吸引，经常到银行转转，学习如何理财，也放心将资产交给银行管理。换言之，Umpqua 银行的营销集中在建立跟消费者之间的情感关系，而非利益关系上。

从品牌建设层面审视 innocent 和 Umpqua 银行的策略，都是非常成功的，它们都得到了消费者认同。

不过，我们也要注意，品牌的成功取决于它们独特的人文环境等因素，无法照搬复制。我们可以参考它们的思维方法，但无法照搬。

innocent 和 Umpqua 银行获得一定程度的成功后，势必会引起一些强品牌的注意，也会被锁定为被刻意打压的对象。innocent 和 Umpqua 银行要如何维持和强化自己的竞争力呢？

- 强品牌的挑战者 -

作为后继挑战者，除了制定好品牌使命、关键词和金字塔的构成外，还要充分认识自己在资源（包括财力、名声、人才、社会等方面的资源）上的不足。所以，挑战者更要选投入产出高的品牌建设和营销手段。这里，我提出一个“挑战者品牌建设模型”，供大家参考。

下面，我对这个模型中的闭环五步进行详细讲解。

1. 制定品牌使命

如第 2 章所述，品牌使命是品牌创始人的初心，是一个企业存在的原因和意义。如果一个品牌缺乏使命感，就不知道该为谁创造价值，甚至不知道自己在创造什么价值。

图 9-4　挑战者品牌建设模型

没有品牌使命的企业只会为股东创造财富，最终会被消费者唾弃。

在第 2 章，我们看到：亚马逊的使命是“让人们通过简单的线上操作获得具有教育性、信息性和启发性的商品”；苹果的使命是“让科技变得简单，让每个人都可以融入不断进步的科技生活里”；谷歌的使命是“致力于创建有价值、快速、简单、有吸引力、创新和适合大众的、漂亮、值得信赖的个性化应用”。前文提到的 innocent 的使命是“让人们通过购买健康饮料，就可以为社会做善事”；Umpqua 银行的使命是“积极融入消费者生活，帮助他们管理财产”。

2. 选择战场

“战场”这个概念，源自兵法，指将资源投放到某个相对小的品类中。如果红牛与可口可乐竞争饮品市场，那无疑是以卵击石。所以，红牛将品牌定位在功能饮料，以“提升消费者能量”为落脚点，消费者困乏时，喝一瓶红牛，马上就精神起来。

innocent 主要锁定英国消费者和部分欧洲市场，并没有出口到美洲或亚洲等地；Umpqua 银行甚至只在美国的五个州（俄勒冈州、加利福尼亚州、爱达荷州、内华达州和华盛顿州）设立分行，连美国东部都没去，更没有到美国境外营业。选择一个足够的细分市场，比选所有市场更易集中财力和精力，服务好目标消费者，让他们满意。

3. 选择目标消费者

这跟选择战场的概念相似。目标消费者是指营销目标，而不是销售目标。就是说，品牌应该针对目标消费者的人口、心理和行为变数等，制定相匹配的营销策略，并为他们创造最大价值。

任何品牌都不要把所有人定义为目标消费者！即便像可口可乐这样的大众化品牌也不会这样做。这不代表可口可乐不卖给老龄消费者，而是老龄消费者不是可口可乐的营销目标。这个概念要搞清楚。

女性内衣品牌维多利亚的秘密，使命是“为年轻女性带来终极诱惑”，目标消费者是追求浪漫关系的城市白领女性，并不是学生、蓝领和老年女性。innocent 的目标消费者是追求健康、喜欢新鲜口感的年轻白领，Umpqua 银行的目标消费者是在美国五个州中有理财需求的社区居民。

作为挑战者品牌，创业初期选择的目标消费群体越窄越好，这样可以将其作为早期市场实验，方便品牌尽快试错，也有利于资源有限的新兴品牌集中提升品牌美誉度。

4. 制定和执行品牌建设策略

挑战者品牌要将资源和精力集中在以下四点策略上（见图 9–5）。

产品策略：产品和服务的功能是最基本要求，但要成为消费者的记忆点，就要关注品牌产品的颜值，包括颜色、形状、包装和任何特色设计。此外，还要关注产品为消费者带来的五感效果是否能占领消费者心智，让消费者通过视觉、听觉、嗅觉、味觉和触觉，对品牌产生联想。

便利策略：消费者购买产品是否方便？使用产品时是否更便利了？产品能否为消费者带去更高的使用效率？这些都是挑战者品牌要关注的，即消费者购买和使用过程中的用户体验。好的用户体验能够提升品牌价值，也可以加强消费者对品牌的记忆和好感度。

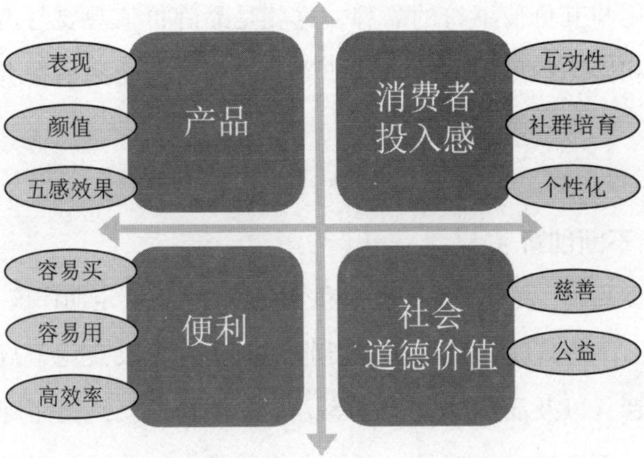

图 9-5　后继挑战者策略

消费者投入感策略：如第 4 章和第 5 章所述，如今品牌要做的是经营好与消费者的情感联结和社群关系。挑战者品牌要学会培育消费者成为意见领袖，让他们主动、积极地为品牌传播，发挥他们的影响力，让他们成为品牌推销员。在这方面，无论是星巴克还是乐高这些强品牌，又或 innocent 和 Umpqua 这两个挑战者品牌，其策略都值得参考。

社会道德价值策略：品牌使命主导品牌的社会价值，而成为有社会贡献的品牌顾客也间接为社会做出了贡献，并加强了消费者个人的社会使命感。比如，消费者每买一瓶毛线帽 innocent 饮品，就可以为孤寡老人略尽绵力，这会成为一个购买理由。再比如，消费者购买新能源汽车，是间接为环保出力。消费者会批评甚至弃用与其价值不符的品牌，这就是品牌价值观要与消费者的道德观相匹配的原因。诚实和博爱的品牌，会受到消费者的广泛爱戴。

5. 不断创新

任何品牌，在制定品牌使命和金字塔后，还要定期评核（brand audit），评估其使命是否还需要修订，是否要改变竞争战场、目标消费者，以及品牌建设策略等。不断创新，就是让品牌不要停下脚步，不要满足于现状，要跳出舒适圈，继续挑战强品牌，并做好准备迎接其他后继品牌的挑战。

品牌案例 3：心之巧克力

- 品牌背景 -

起源于巧克力王国比利时的巧克力品牌心之（Senz），于2010年在中国设厂，专门提供OEM（原设备生产商）、企业高定等服务，后因各种营运问题，在2018年被中国企业收购。2019年，该企业重新出发，向中高端市场迈进，直面严峻挑战。该企业面临的挑战主要有以下两项。

1 中国巧克力市场规模小且增长乏力：2018年淘宝销售数据显示，中国巧克力产品销售额仅占整体零食市场的5.77%。同时，受健康生活理念的影响，中国巧克力市场的增速自2017年开始停滞。

2 各品牌厮杀，抢占份额：德芙、费列罗、好时、歌帝梵等常年深耕巧克力市场的洋品牌，经成熟经营和高投入的营销手段，已牢牢占据常规消费场景（送礼、示爱等浪漫诉求），其他品牌均在夹缝中求生。巧克力市场似乎已容不下另一个巧克力品牌了。

作为一个没有品牌沉淀、只拥有先进优质生产线的巧克力品牌，心之在中国如何挑战众多强品牌，并通过品牌重塑和营销创新而重生？

– 核心洞察 –

目前，中国零食市场呈现出以下两大特点。

1 稳定增长的零食市场：中国休闲零食市场规模已超5000亿元，年复合增长率维持在6%以上，且整体消费额较发达国家仍有增长空间。
2 高端零食的机会：随着消费升级，越来越多的消费者愿意高价购买高品质产品。面对越来越大的各种压力，款待自己成为购买高价零食的诱因。

对心之而言，其机会在于突破送礼与爱情、浪漫的陈腔滥调，走进更多生活场景。

– 品牌建设 –

经洞察，心之的品牌定位和品牌金字塔如下（见图9-6）：

1 消费者需要多元的情感共鸣。大师级高品质巧克力，让吃巧克力变成生活的仪式，为情绪找到出口，让消费者更爱自己和生活。

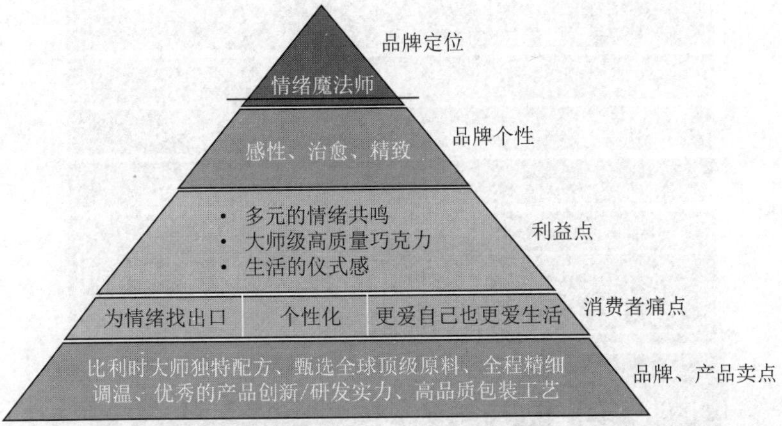

图 9-6 心之品牌金字塔

2 品牌定位：“情绪魔法师。”

3 品牌个性：感性、治愈和精致。

4 品牌愿景：“让每个人尽享多滋味人生。”

5 品牌使命：消费者吃完巧克力，情绪也会随之得到宣泄。

– 五项创新 –

Senz 心之在以下五个方面进行了创新。

图 9-7　心之品牌构建模型

1. 商业合作模式创新：互利合作，吸引顶尖人才共赢

新时代下的中国企业家需要具备高格局和视野，为克服水土不服、便于市场发力，心之以股份合作、互利共赢的新模式，吸引有经验、懂中国市场又兼具国际视野的顶级品牌营销和电商团队加入，为建设自身的软实力夯牢坚实基础。

2. 产品创新：专注黑巧品类的大师级巧克力

产品力是最好的营销力，心之以黑巧克力为主产品线，差异化消费者感知。

在配方方面，邀请曾经的 Godiva（一家创立于比利时布鲁塞尔的巧克力品牌）巧克力大师丹尼·德莱麦克（Dany Deraymaeker）参与配方研发，经上百次调配，制成浓醇香滑且甘苦适中的新口味。

在生产方面，心之拥有自建工厂、世界一流设备和先进生产线，利用供应链端的优势确保每一块巧克力都是高品质。

在研发创新方面，团队每月盲测至少 50 个口味，然后精选 1~2 款进行深度打磨，每两月定期推出新品，不断为消费者带来新的味觉惊喜，现已出品多种口味的产品。为迎合新消费需求，心之用天然麦芽糖醇代替白砂糖，产品更营养健康。

3. 定位创新：情绪魔法师，打破定势，塑造差异化定位

巧克力有影响情绪的作用。据调查，人在疲惫劳累、难过悲伤、紧张焦虑时，会第一时间想吃巧克力。心之的产品除精选全球好料外，还由比利时巧克力大师丹尼亲自把关。为巧克力而生的丹尼注重对每个环节的把控，只为让巧克力呈现最佳口感。

作为秉承比利时大师态度的新式精品巧克力品牌，心之的品牌定位是“情绪魔法师”。在这个喧闹的时代，每个人都负重前

行，心之善于捕捉细微情绪，以匠心食物美学让每一个灵魂得到慰藉，让每个人在品味巧克力的同时，感受情绪的释放与提升。

4. 包装创新：这是巧克力，更是时尚单品

品牌打破传统黑巧“深棕色、大排块、铝箔纸”的固有包装，采用有质感、有辨识度的铁盒包装，以及更易入口的一口迷你装。在设计层面选取了更符合新生代消费群审美偏好的颜色和元素，鲜明的撞色具有潮流时尚感，魔幻的纹理更让人第一眼看到就忍不住想打开（见图 9–8）。

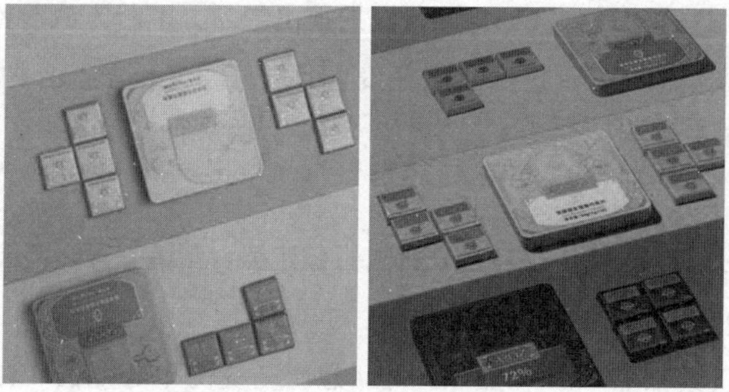

图 9–8　心之巧克力包装

5. 营销模式创新：重构“人、货、场”，打破传统营销次元壁

不同于传统营销，心之在新营销模式下以“人”为中心，“货”和“场”都围绕“人”进行调整和布局。基于消费者需求和

洞察，生产能精准吸引他们的产品，将产品变为品牌与消费者的情感载体，各种时空场景则是人和产品形成连接的情境时刻。

在“人”方面，精准洞察目标受众，为中产职场少女积压的情绪寻找宣泄口，具体表现为4点。

第一，明确种子用户是中产职场少女。

它精准洞察了这一用户群体的特点。中产职场少女，面对高压，都是情绪动物，需要为积压的情绪寻找宣泄口。她们愿意为情绪买单，甚至为消费找情绪。

心之相信，美食可以创造感官愉悦，从而激发美妙的情绪。心之正通过不断给予消费者美妙的巧克力味觉和情绪体验，帮助人们更积极地面对情绪，热爱美味，更热爱生活。

第二，积极让身边的情绪敏感族转化为种草官。

为热衷分享好物的KOC巧设带有强烈个人色彩的专属暗号，为其增加社交筹码，让身边的情绪敏感族自愿化身为心之巧克力的种草官。新品上市之初，超过50名KOC成为品牌自主传播者，贡献了天猫当月超过总销量60%的销售额。

第三，锚定KOL/商业传播者等目标受众，站内站外多圈层种草。

时尚类、美食类、电竞类等圈层大号KOL（如黎贝卡、余点、电竞解说黄旭东、夏一可等）协同推广，明星李湘强化曝光，头腰部主播引爆销售，心之上市两个月销量一度冲入日行业前二。

第四，在企业客户中放大“人”的范畴，由C端扩至B端。

携手W酒店、海底捞、YY、租租车等头部公司，打造联名礼盒并开展公司福利专场活动，实现销售转化；同时借助企业背书及年轻职场人爱尝鲜与分享的特性，有效提高品牌与产品的传播声量。

在“货”方面，有颜、有料、有趣，产品创新让心之巧克力自带情绪魔法。

时下的年轻人有丰富的美食体验，也有沉重而琐碎的生活压力，他们吃过甜头，也吃过苦头。心之希望通过多元口味或内容，唤醒消费者在生活无限微场景中的情感共鸣，让巧克力在食用价值之外还承载着消费者的情感投入、社交货币等属性。心之在包装、玩法、口味上进行突破，推出大胆玩味、概念创新的系列新品：情绪魔盒和情绪札记。

心之情绪魔盒采用雪茄盒式的质感铁盒包装，鲜明的撞色、魔幻的纹理，为心之制造和常规巧克力不一样的视觉差异。每一块巧克力的内包装都有不同的emoji表情，每盒也都藏有一张“情绪大师牌”，逗趣且治愈。质感铁盒、小巧内包、情绪卡牌三重惊喜，让情绪魔盒自带网红属性。

心之情绪札记的每款礼盒都由比利时巧克力大师丹尼手工制作，打开它的过程充满仪式感，就像打开了一本通往内心的日记，里面的每一颗不同口味的星球甘纳许夹心巧克力都是记录下来的微妙情绪。“少女情怀总是诗”，不同的情绪就浓缩在来自银河星辰的巧克力中。

在“场”方面，只要有情绪涌动，就有消费的可能。

现代人都是情绪敏感族，工作生活、茶歇午夜都有满满的小情绪，比如深夜加班的压力山大，偶尔的小确幸，“柠檬精”上身，自嘲“肥宅”的生无可恋，丧到极点的假装坚强……品牌以中产职场少女为锚点再辐射，敏锐地捕捉着汹涌的时代情绪和微妙的小情绪，将食用心之植入跟各种情绪相关的生活常态中。

除了植入生活常态中，品牌还进行场景与全渠道融合。品牌的制高点是两大电商平台旗舰店：天猫旗舰店和京东旗舰店。再加上贝店、洋葱两大社交电商平台，精品超市如屈臣氏，并连同联名款的合作伙伴如海底捞、W 酒店等，打造多情景的全渠道组合。

除了“人货场”，品牌在创意 / 内容方面，捕捉高话题度的情绪，借助年轻化、趣味化活动战役促进曝光和销售。下面，我列举三个这方面的活动。

活动一：开撕吧！坏情绪！ 2020 个心之情绪盒，助你手撕年末坏情绪。

抓住年底情绪爆发期，借对 2019 年的吐槽和对 2020 年的期待心情，心之于跨年之际开启线上情绪快闪店，打造 2020 个特供

“情绪盒子”，通过一个强仪式感的“手撕”动作，让消费者亲自撕掉 2019 年的坏情绪，开启心之 2020 年好心情。

活动上线期间，针对性携手情感和段子方面的微博大 V，进行活动信息强势曝光，以“开撕吧，坏情绪”主题本身的强煽动性和优质内容作为引导，迅速吸引大批粉丝讨论，在实现广度曝光的同时，充分引流至心之天猫旗舰店，实现超 9 万有效引流，作为活动主创意物的 2020 个心之情绪盒子，也在 7 分钟内被抢购一空。

后续又与超过 10 个不同领域的品牌蓝 V 联动，配以多元有趣的“开撕”内容，让“开撕吧，坏情绪”主题得到多维度的内容延展，促使更多人加入到话题讨论中，让活动维持在热度波峰，最终借助强讨论性的话题和产品，为品牌收获超过 2000 万阅读量（见图 9–9）。

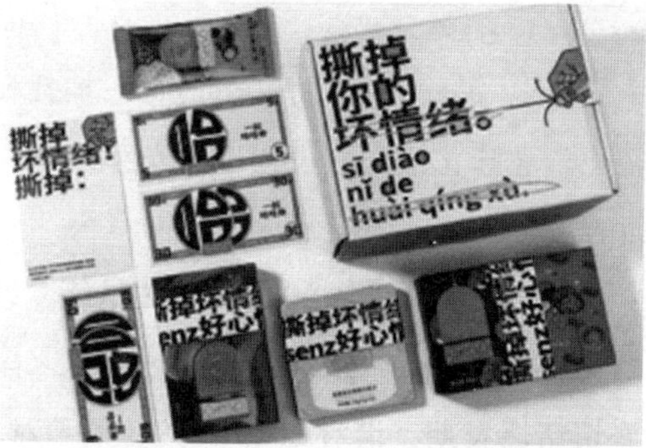

图 9–9　心之品牌活动：开撕吧，坏情绪

活动二：推出 Senz × GNZ48 联名“星光盲盒”，化身应援礼，助力粉丝为偶像打 call。

心之携手偶像女团 GNZ48 人气排名前三的成员（陈珂、唐莉佳、刘力菲），推出联名星光盲盒。购买该联名款产品，即可为自己喜爱的偶像打 call，完美契合了粉丝的应援心理，“多一点朱古力，给偶像多一点鼓励”。盲盒内含独家发行的 12 款限定角色卡牌，以小概率隐藏款概念，营造抽盲盒的惊喜感，持续刺激粉丝的购买和收集欲望。

在 GNZ48 官方和三位少女偶像的共同发声之下，活动一经上线，话题热度就迅速攀升，联名款上线当晚销量就突破 500 盒。其后粉丝更是发布了大量 UGC，开箱视频、美图晒单、花式安利等一度霸屏三位偶像的微博超话，最终在粉丝圈层内为心之赢取了超千万级的曝光和大量话题互动。

除曝光外，凭借贴合应援文化的传播手段和年轻化的产品打造，心之成功“出圈”，粉丝不仅自觉安利心之的产品，更将品牌融入偶像的应援口号，亦有其他偶像的粉丝购买产品作为应援礼物，真正将偶像粉丝转化为品牌粉丝，为品牌的长期可持续运营打下更深的人群和口碑基础。

活动三：复工别“方”，心之加入办公新乐趣联盟，让你开工无压力，一口好心情。

2020 年 2 月，正值新冠肺炎防控时期，人们在逐渐复工复岗的同时免不了焦虑和忐忑。心之入选天猫年度新 IP“天猫超级新秀”，联手十大人气新锐品牌，一起探索办公新乐趣，助力大家缓解焦虑、赶走压力。

活动期间，天猫及淘宝的自有矩阵全渠道助力信息的扩散，并借势大体量顶级大V输出有趣、场景化的产品种草内容，同步联合烈儿宝贝、于momo小饺子、祖艾妈等头部主播实现强势销售转化。最终，心之借助“天猫超级新秀”话题流量实现超亿级曝光，并于活动当日（2020年2月24日）拿下淘宝巧克力类目单品第一和品牌第二的好成绩。

– 品牌重塑的项目结果 –

下面，我们一起来看一下心之的品牌重塑项目结果。

1 2019年9月至12月，新品上架短短四个月，品牌多次进入淘宝巧克力类目排行榜前三[①]（排在前两位的是费列罗、德芙），上线不到一周销售即破万盒，还创下天猫短短5分钟就达成50万元销售额的壮举。

2 2020年2月，心之入选“天猫超级新秀”十大品牌，作为唯一入选的零食品牌，活动日拿下巧克力类目单品第一和品牌

① 数据来源：生意参谋（2019年12月20日，2019年10月25日，2020年2月24日）。

第二[①]（第一为德芙）的好成绩，坚实地向 2020 年全年目标迈进。

3 心之受邀入驻天猫、京东、唯品会等各大电商平台，全线新品上市即入围天猫小黑盒。

4 心之“情绪魔盒”荣获“第十三届中国食品产业成长之星·年度潜力新品奖”，“情绪魔盒”益生菌口味荣获 Foodaily “新消费创新产品 100 强”[②]。

5 李湘、黎贝卡等明星红人纷纷实名推介，顺利打入美食、电竞、追星等垂直圈层。

– 品牌案例点评 –

心之作为一个重出江湖的品牌，面对市场上众多的强品牌，采取了积极的品牌重塑策略，将自身定位为“情绪魔法师”，并针对年轻白领女性推出黑巧克力系列产品，让她们能宣泄情绪，追求生活中的快乐。其所采取的挑战者策略可总结如下：

1 产品策略：特别研发口感不重的新口味巧克力，还不断开发

① https://mp.weixin.qq.com/s/1-KYuSpKakCeyulGd-6gCA.

② http://www.sohu.com/a/310404164_286549.

健康新品，配合目标消费者怕胖的诉求；产品包装精致有趣，从视觉到嗅觉占领消费者心智；会在重要节点，为消费者量身定制个性化产品。

2 便利策略：消费者可以轻易在电商网站购买，产品便携性也适合消费者在多场景享用。

3 消费者投入感策略：消费者可参与品牌营销活动，直观感受撕开产品包装时的用户体验。未来，心之计划邀请消费者成为试吃专员，让他们决定什么样的新产品和新包装更适合他们。

4 社会道德价值策略：所有产品都由中国自建工厂生产，整个运输过程确保清洁环保，绝不制造污染。铁盒包装不会造成过量废纸丢弃。心之也在筹备跟公益机构合作，希望能够在疫情后帮助更多有需要的人。

企业采访：
“浴见”与自然和谐相处

采访者：吴骎

受访者：浴见创始人　李励（Lily）

2014 年，李励和她先生在长沙创立“浴见”品牌。在此之前，他们一个是公关传播顾问，一个是工艺工程师，生活看起来富足而美好，实则麻木和混沌，“生活的意义和价值”成了他们思考最多的问题。“浴见”给出了生活的答案，使用精致的护理工具、温和有效的洗护，让你好好对待自己的头发、皮肤，洗去一天的紧张和疲惫，享受独处，与自己坦诚相见，检视、认识、倾听自己的内心，获得自信和向上的力量。

吴骏：您创建“浴见”品牌的初心是什么？

李励：10多年的公关职业生涯，让我觉得身体和精神都压力很大，而且工作的时间非常不可控，渐渐对原有工作产生了厌倦。在日本、中国台湾地区的旅行中，我体验到当地精致的洗浴文化，惊奇地发现原来享受洗浴的放松时刻是那么美好，生活应该有仪式感。让自己变得更好，这是灵活自由的前提；保持独立与生机，才能坚定无畏，对未来充满憧憬。

在一次与Hugo老师的学习分享中，我了解到未来的零售业将会是“云模式”，这就意味着独立品牌的生存空间越来越大。于是，我开始选择创业的生态卡位，觉得有三个关键因素：（1）以女性消费者为主；（2）产品刚需，且有不断提升的空间；（3）该品类没有绝对垄断品牌。“浴见”的创建就非常符合这些条件。

吴骏：个人洗护工具类用品行业是片红海，且价格体系混乱，你如何选择“浴见”的“战场”？

李励：我在创业的这几年深入行业了解发现，其实国内许多人对于洗澡这件事不够重视，缺乏仪式感。“浴见”提出“好好洗个澡，一切都是新的开始”。我们坚持以天然的方式去挖掘让身体轻松的秘密，倡导用天然材质养护身体发肤。“工欲善其事，必先利其器”，因此我们的核心产品就从榉木猪鬃浴刷开始。经过对国外奢侈品洗护产品的调研，我们发现猪鬃与头发结构接近，摩擦后可闭合毛鳞片且有吸附能力，是物理的“天然护发素”；同时猪鬃有较好的柔韧性、软硬适中、耐腐蚀，且全世界95%的猪鬃都是在中国，适合作为大规模开发生产的原材料。同时，我们也在开发与浴梳配套的护理液产品。围绕猪鬃浴梳，开发少而精的严选爆品策略是“浴见”的坚持。

吴骏：如何定义“浴见”品牌的目标消费者？

李励：因为我们是以线上运营为主的品牌，从2015年的淘宝企业店铺到2019年天猫旗舰店的上线，我们有十分准确的客户标签数据。“浴见”的核心消费者以18~30岁、居住在一线城市、对生活品质有较高要求、精致且悦己的女性为主。热销区域集中在北京、深圳、江浙沪地区。

吴骏：“浴见”的品牌建设策略是如何规划的？如何实现品牌的不断创新？

李励：在产品策略方面，“浴见”崇尚“敬天惜物”：坚持以天然的方式去挖掘让身体轻松的秘密，倡导用天然材质养护身体发肤，从自然中寻找愉悦沐浴的方法，并与自然和谐相处。此外，我们坚持“匠人匠心”：钻研数年，突破行业工艺难题，采用独家专利工艺，坚持以产品做口碑，每一个小细节都是细细琢磨，用一件好物融入消费者的生活日常，让消费者从美好的点滴中获得舒适和安心。

在推广渠道策略方面，“浴见”2017 年开始在主流自媒体渠道推广，全网热销 60000+，转化率为 3%~6%；有赞矩阵推广阅读转化率达 4.8%；入驻一条生活馆及老爸评测并被强力推荐，在 2019 年双十一、双十二、年货节期间，销量排名个人洗护工具类第一。

在运营策略方面，“浴见”力求营造优质购物体验、以人为本、超高好评；采用专业仓储服务，发货售后迅速响应；打造高颜值包装，高品质收货体验；在淘宝企业店铺 5 年、天猫店铺 1 年获得 99.9% 的好评率。

“浴见”品牌在李励这个处女座 CEO 的推动下，不断推陈出新，近日已完成和法国著名实验室的合作配方研发，拥有小分子聚肽专利技术，成功上市了氨基酸聚肽原液洗发水 / 护发素的产品系列。这是继猪鬃浴刷爆品系列后，“浴见”好物又增添的一组爆款系列。我们期待“浴见”能不断超越自己，挑战国外个人护理工具强品牌，让每个“浴见”的消费者都可以感受到 Love your body, love your soul（爱你的身体，爱你的灵魂）。

第10章

建设长青的品牌

品牌案例：微软的再崛起

– 品牌背景 –

现代知识工作者中，很少有人没用过微软的产品：Windows视窗系统、Office工具、微软云服务。微软从1975年诞生至今，只有过三位首席执行官，他们分别是：创始人比尔·盖茨、让微软产品变得多元化的史蒂夫·鲍尔默（Steven Ballmer）和2014年接任的印度裔高管萨提亚·纳德拉（Satya Nadella）。

– 微软，称霸世界 –

微软是一家电脑软件公司，创始人盖茨和保罗·艾伦（Paul Allen）都是杰出的软件工程师。微软在创立时的使命是“激发个人潜能，实现企业潜力”。

从20世纪70年代开始，微软推出BASIC编译器、视窗系统和三个非常普及的办公Office软件，即Microsoft Word、Microsoft Excel和Microsoft PowerPoint；到了90年代中期，微软推出了互联网浏览器Internet Explorer（IE）。微软的成功，除因为这些软件确实各方面都比较好外，最重要的是与IBM合作的捆绑销售形式。

这种销售方式简单理解就是，每一部IBM电脑，都预先安装了微软产品，二者一起销售。随着IBM电脑的流行和微软产品的深入人心，慢慢地，其他品牌的电脑也采取了同样的销售方式。也就是说，除非你是苹果电脑的用户，否则任何人购买一部新的个人电脑，自然就连带购买了微软的产品。微软的业绩也因此取得了极大成功，盖茨也连续多年成为世界首富。

但这种捆绑形式违反了《反垄断法》，导致微软承担了巨额罚款。但幸运的是，这并未有损微软的业绩，因为消费者早已习惯微软的产品，但凡选择装机软件，都会选择微软。

1999年，盖茨辞去首席执行官职位，改任首席软件建筑师，把管理重任交给了多年战友、微软的时任总裁鲍尔默。

– 微软，巨人的低谷 –

鲍尔默接手这家超级成功的企业后，自然希望延续光环。对他而言，最大的诱惑当属推出能为消费者带来价值的新产品。在鲍尔默当权时代，微软推出了 Xbox 电视游戏机、Zune 移动音乐硬件、视窗系统 Windows Vista、搜索引擎 Bing、云服务等产品，收购了诺基亚和 Lumia 手机品牌。此外，微软还推出了以视窗系统推动的手机作业平台，收购了 Skype 视像通信系统，并带来第一代 Surface 平板电脑等。

不过，这些产品大多没有成为杰出产品，Hotmail 邮件服务和 MSN 都因经营不善而被竞争对手边缘化。这个时代的微软，还在吃老本。虽然开发出来的产品很多，但消费者没有获得刺激感，反而选择了苹果和安卓的手机和作业系统、谷歌的搜索引擎和邮件系统（以及一系列产品和服务）。

2014 年，鲍尔默退休，将首席执行官的重担交到了负责微软云服务和企业方案的负责人纳德拉手上。

– 微软，重整旗鼓 –

2014 年 2 月，纳德拉上任时，微软的品牌价值尚处在各大品牌价值排行榜的前列。不过，正如前文所说，微软的产品和服务都未能让消费者感到很兴奋，第一代 Surface 平板电脑失败、错过了开发搜索和移动产品及服务的时机，以及大量员工的流失，都预示着这家伟大的企业需要一场改革。

当时，很多人猜测微软会从外部招聘重量级首席执行官。当董事会宣布任命从 20 世纪 90 年代初就加入微软，负责云服务和企业方案的高级副总裁纳德拉接任时，外界一片哗然。

几年来，低调的纳德拉做了很多事，他的理念被记录在他的著作《刷新：重新发现商业与未来》（*Hit Refresh: The Quest to Rediscover Microsoft's Soul and Imagine a Better Future for Everyone*）中。今日的微软已不再是 6 年前的微软，公司的市值已达到 1 万亿美元（只有苹果和亚马逊曾达到这个市值）。

– 接任掌舵手，从纳德拉的成长经历开始 –

纳德拉生于印度，一个多种族、多语言的国家，他是一个在不同文化融合的环境里长大的孩子。他的同学来自不同阶层，而大家却通过学习和生活互相连接，他有感于这样的平等。纳德拉热爱板球运动，这项运动让他保持了三个至今依旧在坚持的原则：

1 不遗余力，充满热情地进行竞争；
2 把团队的成就放在个人荣誉之上；
3 领导力的要义是让每个人都能展现出最优秀的一面。什么时候对个人和团队进行干预、什么时候重建个人和团队的信心，是领导永远要思考的问题。

他事业轨迹中最大的转折点，是他长子的出生。遗憾的是，他的长子由于在宫内窒息，从小就患有脑瘫。在医院重症监护室，他发现各种设备都采用了Windows的作业平台。他回想起微软的品牌使命，“激发个人潜能，实现企业潜力”，意识到微软的工作必须超越商业，必须要为人类做出贡献。他也因此获得了非比寻常的同理心，并以此作为他管理微软的重要指引。

– 从企业文化抓起 –

纳德拉上任后，一项重要的工作是持续与消费者和同事保持沟通，聆听他们的想法。当时有一张漫画，描绘了微软的组织架构，展现了各部门互相敌视、各自为政的情况。这样的企业文化，怎么能激发员工的创造力和士气呢？

在纳德拉出任首席执行官前，即将退休的鲍尔默跟他说了一句重要的话：“要做真实的自己，不要取悦比尔·盖茨或其他任何人，大胆正确地实践自己的想法。”

作为首席执行官，纳德拉思考的问题并不是如何尊重传统，而是不忘初心、不断创新，为微软的未来注入新思维。他问自己：假如这个世界没有微软，人类会有损失吗？微软需要重建企业灵魂，就必须进行文化上的变革。他要改造的不是公司的研发能力、产品组合、收费模式，也不是通过并购去增加市值，而是提出微软文化的自我刷新：拥抱同理心、培养无所不学的求知欲和建立成长性思维。

他首先提出了微软的新愿景："赋权地球上每一家企业和每一个人，让他们能成就更多。"随之，微软重新创立了计算技术的四个关键原则：合作（collaboration）、移动化（mobility）、智能化（intelligence）、信任（trust）。此外，他还致力于建设微软的智能云平台，只有开拓更强大的计算能力，才能够让消费者成就更多。对内，他赋予员工更多自由，让他们发挥创造力，成为企业共同生态的一部分。这也是微软要刷新的3个C：理念（concept）、能力（capabilities）、文化（culture）。

– 合作，为消费者增值 –

2014年，苹果高管在全球开发者大会上展示了新品iPad Pro，正式介绍微软成为苹果作业系统（iOS）的一个重要软件开发商。之后，纳德拉在微软全球会议上，拿着iPhone展示了微软为iOS开发的软件。

曾经的对手成为朋友，大家共同打造人类的美好前景，这就是微软的"同理心"：只有从合作伙伴和消费者的角度去想问题，才能真正创造价值。

微软也积极在人工智能、混合现实和量子计算三方面进行大幅度的资源投入，这些都是明确的长远发展方向，帮助科技进步，促进医疗、研究、分析等的更大发展，这也是纳德拉所强调的成长性思维。今天的微软，已重现昔日的灿烂辉煌，除了公司市值突破万亿美元，员工纷纷回流，士气之高也是前所未有。

另外，微软还在纳德拉的带领下，重视隐私、安全和言论自由。这些是企业的底线：不为短线的盈利折腰，一切都是为未来谋求福祉。很明显，今天的微软已经历了真正的领导层迭代，在商业模式、文化变革方面，都已经取得了真正的创新。

作为企业领导者，也是变革领导者，要对企业的不足有自我觉察能力，不仅要考虑为客户服务、为股东赚钱，更应该考虑自己的行为对世界和人类产生的影响。领导者之间最大的差异，在于他们究竟是害怕新事物，还是拥抱新事物，这个差异决定了一个企业的发展轨迹以及成就的高度。

他们这样说：

张辰钰

1. 盖茨时代 vs. 鲍尔默时代 = “为何做” vs. “做什么”，两种模式的区别在于：盖茨和保罗·艾伦创建的微软能取得如此非凡的成功，首先是因为盖茨的理念——“如果把适当的工具交给众人，让他们做事更有效率，那么无论命运如何，每个人都有机会发挥最大的潜力：让每家的桌上都摆上电脑”。其实，盖茨一直是个乐观的问题解决者，软件和基金会只是他解决不同问题、实现不同理想的方式而已。就好像之前在微软，他相信个人电脑可以让人类发挥最大的潜能，这个梦想实现了。而现在他设想疟疾可以被消除，我们相信这个梦想也会实现。反观鲍尔默，他治下的微软的一切操作都是在做“做什么”，把这家公司原来的“为何做”模糊了，这也是微软为什么会在某一个时期，逐渐从一个改变世界的品牌沦为一个做软件的公司。

2. 合作共赢是永恒的商业主题——2019 年发现在苹果应用商店可以下载 Office 软件，我都感动哭了。尤其是在当下这个人类比任何时候都更需要携手同行的时代，利他共生，才是赢家姿态。

赵楠

对于微软，我有三点感受。第一，当年的捆绑销售让我想起了《裂变》那本书里提到的，苹果最大的特点是把最好的软件放进了最好的硬件中，实现了一个品牌下软件、硬件、服务多价值链的品牌势能。第二，微软也推出了很多不成功的产品，作为吃瓜群众，我们都以为它的研发能力出了问题，通常人们都会这么想。但看完案例中微软内部不和谐的声音才知道，每一个表象背后，都是“为何做”出了问题。

“为何做”的确立，或者说使命、愿景确立的角度和高度除了激发行为上的变革，更决定了平台的延展。比如戴尔做手机大家就不买账，因为戴尔是做电脑的；而苹果做什么大家都不奇怪，因为苹果是做“生活”的。第三，在某些时刻，我们可能会觉得微软和苹果是竞争对手，比如在操作系统端的竞争方面，但两者的合作让我看到了未来一定是竞争让位于互助。

张迪

看完这个案例，我首先想到的是初心问题：改变世界？做出成绩？解决问题？这三个不同的初心导致了三种结果，我们做品牌的时候一定要先确认自己到底要做什么。其次想到的就是竞争融合，腾讯系和字节系如果哪天可以像微软和苹果一样牵手，那对用户来说简直妙不可言了。

– 强品牌也会面临挑战 –

任何品牌在成为强者之前，都曾经历过被挑战的阶段。挑战者品牌若想打好品牌建设的基础，就要制定明确的品牌使命，然后通过经营与消费者的关系、占领消费者心智的策略、品牌故事的传播和用户体验的加强，逐步向强品牌迈进。第 9 章中所描述的 innocent 和 Umpqua 银行，都经历了这一过程，一步一步征服了消费者的心。今天，它们都成为消费者心中的强品牌。

而有些品牌在成为市场领导者之后，满足于现状，不断追求短期利润和企业市场价值，没有改善产品品质、持续创新，更没有塑造优秀的企业文化，最终被挑战者超越甚至被竞争对手淘汰。

在前面的章节里，我们讨论过诺基亚和柯达从辉煌到因为缺乏长期视野、缺乏不断创新的精神，终被消费者抛弃的例子。在本章微软的案例中，我们可以看到微软这 40 多年，是如何从一个强品牌变成被超越的品牌，又如何立志创新、重建，成为一个强品牌的。2020 年 4 月，微软超越苹果、亚马逊和谷歌，成为全球市值最高（1.33 亿美元）的企业。

任何品牌都经历过起伏和挑战，微软的经历其实是成为一个长青品牌所必需的。跟人一样，没有经历过挫折，就不知道什么是错误和如何改正错误。品牌没有经历过挫折，如何能基业长青？

下面，我们一起回顾一下微软 40 年的跌宕起伏轨迹。

1 创始人制定品牌使命。

2 品牌创造了强大的产品。

3 成就强大的品牌。

4 遇到其他品牌的挑战。

5 忘记初心，追求短期利润和业绩。

6　消费者和员工的满意度下降。
7　重塑品牌使命。
8　重整企业文化。
9　重整产品线，并推出更强大的产品。
10　为成为长青企业，打好坚实基础。

成就长青品牌的关键

– 8 句建设箴言 –

吉姆·科林斯（Jim Collins）和杰里·波勒斯（Jerry Porras）于 1994 年出版了其名作《基业长青：企业永续经营的准则》（*Built to Last: Successful Habits of Visionary Companies*）。他们在斯坦福大学一个为期 6 年的研究项目中，选取了 18 家长青企业作为研究对象，并将这些企业跟它们的竞争对手比较，得出了有关长青企业的 8 句箴言。

1　伟大的企业都有伟大的使命感，而且会因为社会、市场、科技和消费者行为的变化，不断调整使命。
2　企业高瞻远瞩并不是因为拥有能干的领导，而是因为能架构好的制度与企业文化。
3　追求短期利润不是唯一的目的，追求长远的企业和消费者利益最大化才是企业长青的关键。

4 不要模仿其他企业的成功模式，不同企业应该有不一样的价值观和独特的成功秘诀。

5 最好的企业领导都是从内部培养的，不是从外部高薪招聘的。

6 企业追求的是持续的进步，不是市场份额。企业最大的竞争对手是自己，要战胜的不是其他企业，而是昨天的自己。

7 企业可以通过兼容并蓄，在实践中把不同的资源整合起来。

8 企业成功靠的不是宣言，而是行动。

《基业长青》陈述的研究结论一直都被商界和学术界普遍认可。事实上，如果把企业视作一个品牌（很多企业拥有超过一个品牌），可以得到同样的结论。

1 品牌需要有品牌使命，即一个能为消费者增值的初心。

2 品牌的基因和团队的文化，比品牌高管的领导才能更重要。

3 品牌要追求的是长期的品牌价值，不是短期的利润。

4 品牌要有独特的价值观和成功秘诀。

5 品牌高管应该从内部培养。

6 品牌要维持持续的进步。

7 品牌要懂得资源整合。

8 品牌要言行一致，而且要用实践来验证计划的可行性。

– 长青品牌：来自世界历史最悠久企业的启示 –

韩国银行在2008年5月发布的《日本企业长寿要因与建议》中指出：全球成立超过200年的企业有5586家，其中日本有3146家，占56%。紧接着是德国有837家，荷兰有222家，法国有196家。中国历史最悠久的企业为1538年成立的六必居酱园、1663年成立的张小泉，以及拥有150年以上历史的中药堂陈李济与同仁堂。

世界历史最悠久企业的前三名均为日本企业。由金刚重光于578年所创立的金刚组，如今已有约1500年的历史，现在仍然是日本寺庙与文化建筑施工领域的领导者。705年成立的甲州西山温泉庆云馆与717年创立的“千年の汤古まん”，现在仍然是备受日本国民与观光客喜爱的温泉旅馆。

另外，根据日本帝国征信公司2013年的统计，创立100年以上的日本企业有26144家。

日本有如此众多长青企业的原因，可归纳为六点：

1. 拒绝多元化发展

就像1837年创立的宝洁如今还专注于日常用品行业，1886年成立的可口可乐依然销售可口可乐与其他饮料一样，578年成立的金刚组至今仍专注在寺院的建筑上。

2. 极致的职人精神

日本的职人精神就是把简单的事情研磨到极致，让普通的事物升华成艺术。跟匠人精神不一样，职人精神指的是一般非艺术工作者，他们有活力也有专业意识，善于通过学习提升自己的能力，为了追求正确和完美，不轻易妥协，甚至不接受顾客的指指点点，不会挑选顾客。有人说，日本文化之所以让苹果创始人乔布斯沉迷，就是因为在日本处处可见的极致。乔布斯爱不释手的释永由纪夫陶器、购买100件的三宅一生黑色高领衫、去京都必住的有300年历史的俵屋旅馆（Tawaraya Ryokan），都是简单的极致。专注于寺院建筑的金刚组，到今天仍然坚持100%手工建造建筑。

3. 不断适应变化

在专注的同时，日本长寿企业也会积极了解周围的变化，并在不影响企业核心竞争力、不妥协极致与专注的情况下进行调整。

4. 讲究信用与真诚

日本帝国征信公司在2013年针对4000家企业进行了调查，邀请这些长寿企业用一个字来描述自己长寿的秘诀。最多的答案为“信”，第二多的则是“诚”，可见企业讲究“诚信”的重要性。

5. 拒绝上市

大多数日本长寿企业都不是上市公司，因为上市公司股东追求的是规模与利润，而非企业文化、员工的福祉与客户的满意度。华为也不是上市公司，创始人任正非担心资本市场有可能会给华为的企业文化带来冲击，为了保护华为多年来独有的管理风格，所以不考虑上市。同样说过不会上市的，还包括老干妈创始人陶华碧。

6. 用人为贤

很多日本家族企业为了避免子孙的不孝与无能导致企业衰退，会让有能力的高管成为养子，然后让他们来继承企业。丰田汽车的历任社长中，许多就没有丰田家族的血统。

以上提及的案例都适用于企业品牌和产品品牌。但谁都不能预料这个世界会发生什么意外，如政治风险、经济崩溃、疫情暴发等都可能导致一家看起来经营健康的企业在短时间内倒闭，无论其业绩做得多好、消费者对其有多喜欢。特别是 2019 年底暴发的新型冠状病毒疫情肆虐全球，更让很多企业猝不及防，在经营上遇到极大的困难。

VUCA 时代[①]下的品牌启示：适时而动

– 危机是品牌固本培元的好时机 –

对任何机构来说，突破的时机往往不是在顺境，而是在转折点。也就是说，对企业而言，要有突破性的发展，要能静下来审视过去的功过，迈步前进的时刻往往就是令企业措手不及的时候。

从 2020 年初开始，大家的心思一直在抗疫、如何进行自我保护、有关机构如何无能、怎样买到口罩这些朋友圈热门话题上。而我作为一个营销顾问，第一时间想到的就是不可避免的经济大洗牌：不少企业会因此次疫情而倒闭、减产、转型。

2020 年大年初一，我跟一位广州连锁餐饮品牌客户联系，得知他已心焦如焚，并计划关闭门店，考虑趁机转型。唯一让他担忧的，是上千员工的后路。负责任的企业家真的不容易，既要担心生意，还要担心员工生计。

① VUCA 是 volatility（易变性）、uncertainty（不确定性）、comphexity（复杂性）、ambiguity（模糊性）的缩写。VUCA 时代指充满不确定、不稳定、复杂模糊的时代。——编者注

- 生存是第一要务 -

企业在艰难时期唯一要担心的，是生存问题。企业在艰难时期唯一要做的，是固本培元。

达尔文的名言“适者生存”，很好地形容了这种严峻形势。能生存下来的从来不是最强大的物种，而是最能适应的物种。所以，恐龙灭绝了，人和很多昆虫活了下来。历史学家尤瓦尔·赫拉利（Yuval Harari）在《人类简史：从动物到上帝》（*Sapiens: A Brief History of Mankind*）中提到，人类之所以能够成为万物之灵，是因为人类最会幻想，也最能适应逆境。

疫情、政治和经济危机会影响所有企业，用正常的方式想对策，不会想到真正的对策。企业要做的是适应疫情带来的不确定性，做一家灵活多变、有幻想力的有机体。做到这一点企业要做三件事：

1 第一件事，内部清算。这里的清算包括对所有成本的检视，也要对收入做最坏的打算，做最差的运营预算。企业要做的是保持正的现金流。没有现金，什么都不能做！

2 第二件事，把运营成本压到最低。这是要狠干的事，非必要开支必须砍掉。也许，很多中小企业真的要考虑短时间远程工作的模式了；也许，企业年会不能开了；也许，是时候清理公司里的“淤血”，对工资结构做一次调整了。

3 第三件事，重新思考商业模式。这是最困难、最花时间，但也是最必要的任务。事实上，艰难过后，一切会恢复正常，对企业而言，无异于撞大运。我相信很多企业主在等运气来临，希望上天能够拯救自己，回到从前。但这绝对不会发生，从前已经过去。只有适者才能生存，很多能适应的企业会趁这次机会，把等运气的企业淘汰。

– 重整旗鼓，也要顺势而为 –

前面提到的那位广州客户，虽然当时身在东京休假，但几乎天天与我讨论如何趁势转型，重整旗鼓再出发。这样的魄力，让我无比佩服，我对他未来的成功充满信心。

我觉得重整旗鼓的重点主要有以下几项。

1 不要只盯着如何赚钱这个目标，应该盯着如何为消费者创造价值，并以此作为企业使命。企业要考虑的不是做什么能赚钱，而是做什么能让消费者满意。
2 做好品牌建设和塑造，消费者要买的不是最好的产品，而是他们喜欢的品牌的产品。
3 扩张不是策略。如何深挖生意，让每一个店/事业/品类都利益最大化，才是根本策略。
4 员工不需要很多，培养他们成为热爱公司、愿意跟公司共渡时艰的伙伴更为重要，让员工能理解企业在这个时期面临的挑战。长远而言，做一家有意义、有使命感的公司，才能够赢得员工的尊重和忠诚。

5 用最少的人，做最多的事。那些不需要的员工、自私的高管，基本可以淘汰了。

6 重新思考商业模式时，首先要问的不是怎么做，而是做什么。不只是做什么，还有为什么要这样做、为谁做。先有 who 和 why，再有 what，最后才是 how。"为谁做"和"为什么做"这两个问题，前者代表了谁是目标消费者，后者是要洞察他们的喜好和需求，然后去满足。

7 企业主必须身体力行，身先士卒，放弃官僚主义。没有员工喜欢一天到晚坐在办公室指手画脚的老板。你愿意吃苦，员工才会卖命。非常时期，更加要做到这一点！

8 组织内部学习，建设互信的团队精神。

– 危机，可能是最好的变革时机 –

艰难时期，其实是企业做减法的机会。固本培元，要认真考虑不做什么。艰难时期也是企业做加法的时期，企业要落实变革。如果艰难期前跟艰难期后，企业的规模、运营模式、人员架构、管理思维没有差别的话，那这个企业可以坐等被淘汰了。

新冠疫情这样的危机必定会带来重大的生命和经济损失，这让我非常不安。但是，我也会乐观地想，每次重大事件的发生都会给我们一个安静下来反思的机会：我们一直在做的，究竟是对还是错，应该如何改善？企业主应该珍惜这次机会，把企业武装起来，而不是每天怨天尤人，感叹运气不好。只有能把握时机的企业，才能真正做大不倒。

品牌长青的逻辑

- 品牌，是有机体 -

品牌跟人一样，要锻炼为一个有机而健康的生命体。一个人活在世上，从呱呱坠地那天开始就需要均衡的饮食，要学习，要成长，要找到生命的意义，要面对很多挑战，要做出很多选择。面对复杂的世界，我们不能马上变得成功，需要修炼好内功，有强壮的体魄、健康的心态，不要老想着一步登天。成功之后，也不要原地踏步，必须懂得面对不断的挑战，要有愿意终身学习的态度，做到有诚信、负责任，这样才能够给社会做贡献。

对品牌而言，成功不会一蹴而就。那应该如何定义成功呢？赚钱是成功吗？还是能够持续为社会和消费者增值，才算成功？很多曾经很成功的品牌已经消失，一些曾经很成功的品牌差点被淘汰，很多时候，就是因为它们失去了经营的意义，忘记了要贡献价值这个初心。这些企业很多不善经营，不懂得在适当的时候固本培元、明哲保身。过去的成功，往往是未来失败的伏笔。

- 长青品牌模型 -

相对于苹果、谷歌和亚马逊，在第二章提及的品牌价值最高的企业中，微软是一家真正经历过低潮的企业。在盖茨领导时期，微软的产品一直领先市场，占据王者的位置。但随着他从首席执行官的位子退下之后，微软失去了它的初心，抢夺的是市场份额和短期利润。一直到纳德拉于2014年被委任为首席执行官，它的品牌使命才得以重塑，企业上下一心追求为人类创造价值，通过强大的领导力、创新力、营销创意以及刷新了的企业文化，获得了如今的成就。

回顾一下我们在第9章提过的innocent与Umpqua银行，它们在还是挑战者、没有成为强品牌之前，一直不忘初心为消费者创造价值，而且它们追求的从来都不是做大做强，甚至不为市场份额和短期利润盲目投放资源。在奋斗向上的过程中，两个品牌一直保持不断创新，运用营销创意给消费者制造惊喜。这些需要高管的领导力和团队的社群文化支撑，让品牌可以稳步前进、迈向成功。

日本的千年品牌也都是名不见经传的老店，它们追求的甚至只是职人精神，以及不断地把品牌承传下去。相反，很多曾经十分成功的品牌输在了扩张策略上，当面对世界经济下滑、战争或者疫情的时候，它们会显得不堪一击，难逃倒闭的结局。

假如企业都把做生意视为没有终局的游戏，根本就不用担心短期的亏损。只要把注意力投放在长期的品牌永续上，很多短期的策略、无谓的扩张都不会出现。

本书的最后，我以一个长青品牌的建设模型作为总结（见图 10–1）：

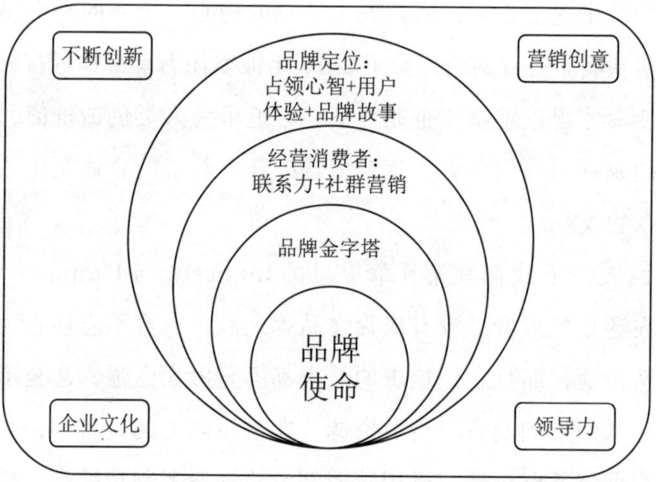

图 10-1　长青品牌建设模型

要建立强大的品牌力，首先要制定品牌使命，也就是一个品牌存在的目的，确定品牌要为社会和消费者创造的价值是什么，然后全力以赴、不偏不倚。

其次，制定品牌金字塔，好好定义品牌的目标消费者（营销目标），然后通过洞察，获得品牌要给到他们的功能利益和情感利益。这样做，品牌自然能够找到自己的独特之处，决定产品和服务的策略和方向，以满足消费者没有被满足的需求。

人与人之间的距离从没像如今这样如此之近，就算相隔千里、语言不通，陌生人也可以瞬间成为志同道合的好友。

消费者不再只是受众，他们更有能力发布内容、评论和意见，并影响其他人的喜好和购买决定。因此，今天的品牌再不像过去，高高在上地传递品牌信息，“告诉”消费者自己有多好、多厉害。今天的消费者可以互相传递信息，塑造品牌。品牌要做的就是努力跟消费者联系起来，成为他们的朋友。再进一步，品牌更需要把消费者组织成为社群，培育他们成为意见领袖，成为品牌的推销员和倡导者。

要成功建设品牌，品牌要学会从视觉、嗅觉、听觉、味觉和触觉五个方面，占据消费者的心智。如果消费者在接触到品牌的产品后，完全认知不到，那这样的品牌是彻底失败的。

品牌还需要通过创意，设计不一样的用户体验，让消费者感受到品牌的情感联结、品牌的温度。消费者只会对有温度的品牌产生好感，产生购买欲和忠诚。要让消费者传播品牌的优点，品牌就要通过创意的营销信息和活动，把他们的愉快经历转化成品牌故事。品牌故事就是最有触动力的品牌信息，可以让消费者产生最大的传播力。

成功品牌的团队，对内需要有使命感的领导带领，建立一套以消费者的满意度为导向的企业文化，并以此作为招聘、培训、提拔人才的标准；对外需要懂得不断创新，驱动并拥抱趋势，而且需要通过超凡的创意为消费者带来各种惊喜，避免品牌老化，保持品牌在消费者心中的新鲜感。

– 案例：农夫山泉脱颖而出 –

包装饮用水，可以说是最同质化的产品之一。对消费者而言，几乎很难分辨不同品牌的饮用水，品质和味道上更是难有差别。但消费者却愿意根据品牌的不同付出不一样的价格，就因为它们给消费者的感知价值不同。

在中国市场，包装饮用水的竞争非常激烈，有进口的也有本地生产的，有桶装也有瓶装，有豪华版也有平民版。虽然饮用水在中国是刚需，但消费者面临的选择确实非常多，品牌要脱颖而出，非常不易。农夫山泉能在激烈竞争中抢占不小的市场份额，甚至被很多消费者认为是最安全可靠的饮用水品牌，究竟是怎么做到的？

农夫山泉成立于1996年，总部位于杭州千岛湖畔，这里是中国的八大优质水源基地（浙江千岛湖、吉林长白山、湖北丹江口、广东万绿湖、陕西太白山、新疆天山玛纳斯、四川峨眉山以及贵州武陵山）之一。品牌一直坚持水源地建厂和灌装，以确保饮用水的优等品质。

1998年，农夫山泉正式进入市场时，娃哈哈和乐百氏两大品牌已占据庞大的市场份额，并且都以拥有先进的净化技术作为核心竞争力，吸引消费者购买。农夫山泉对纯净水进行了深入化验分析，发现纯净水中没有人体需要的微量元素，这与消费者追求健康的需求不符。农夫山泉发现的第一个水源地是浙江千岛湖。千岛湖水质天然纯净，富含钾、钠、钙、镁等矿物元素，并呈弱碱性，达到国家Ⅰ类水体标准，属国家一级水资源保护区。这样的优质水源给产品的优良品质提供了保障。每一瓶农夫山泉的产品，都注明水源出处。农夫山泉的产品策略，本身就是一种差异化策略。

在品牌名称的选择上，“农夫山泉”四个字寓意更加明显：“农夫”二字给人以淳朴、厚道的感觉；“山泉”二字会让人联想到清澈、甘洌的山泉水在大山中流淌，天然纯净，充满意境。

1997年，农夫山泉开始生产天然饮用水，并在2000年宣布全部生产天然水，停产纯净水。“天然”正式成为品牌最重要的关键词之一，另两个重要关键词分别是“环保”和“健康”。品牌的使命是：“让追求安全健康的消费者可以享用天然纯净的饮用水，让他们可以保持身体健康。”

从面世之初，农夫山泉的价格就比竞品略高，表明了不与竞品打价格战的立场。品牌坚持采用“卖价值”的定价策略，让消费者有一个价格跟价值挂钩的直观感触。

农夫山泉的广告语“农夫山泉有点甜”可谓朗朗上口、言简意赅，既贴近产品特色，又向消费者传达了产品的品质优良和口感甜美的信息。

事实上，“甜”只是一种心理暗示，并不代表产品有甜味。还有“我们不生产水，我们只是大自然的搬运工”这句广告语，“搬运工”体现出农夫山泉水质天然、原生态的特质。简单的话外之音，让消费者深刻体会到农夫山泉水质的天然和纯净。

近年，农夫山泉制作了很多塑造品牌的广告视频，在社交网络上传播品牌故事。在2014年的《一个你从来不知道的故事》中，农夫山泉强调生产饮用水的“匠心”；从2015年的《极致的用户体验》《做森林的过客》《设计以自然为本》到2016年的《一百二十里》《最后一公里》《一个人的岛》《一天的假期》，农夫山泉都采用了纪实的手法，逼真地还原了人、事、物，让受众产生亲近感，拉近品牌跟消费者之间的距离。

农夫山泉也同法国依云水一样，设计了很多升级版包装，包括以精美插画作为瓶签图案、以玻璃瓶作为包装等，价格比普通大众版产品要高。同样的水，不一样的包装，消费者愿意买单，就是品牌价值的体现。

今天的农夫山泉，毫无疑问已成为中国饮用水品牌中的王者，成为很多追求健康、有生活品位的消费者的首选。

他们这样说：

张迪

一个品牌深入人心后真的很难被其他品牌取代。我就是农夫山泉的粉丝，自己买其他品牌的时候好像也不多，就算想买，自动售货机或者小卖部貌似也没有什么别的牌子吧！我有点受不了一些品牌软塌塌的瓶子，依云水太奢侈了，农夫山泉还比较符合我的消费观。

戚芸云

农夫山泉一直在做品牌建设，它的产品和广告是连在一起的，从产品开始基因就已经在那里了。不论它的广告语是“农夫山泉有点甜”还是“我们不生产水，我们只是大自然的搬运工”，抑或“什么样的水，孕育什么样的生命”，都是内容。内容就是营销，一切从人出发，让人觉得安全、健康、放心。此外，农夫山泉也专注包装设计，贴近年轻消费群体，还有一个“婴儿专用水”类别，更让人感觉它在健康与安全方面做到了极致。

赵楠

我觉得当年农夫山泉能脱颖而出，有主观的品牌定位因素，也有客观的媒体环境因素。在农夫山泉出来之前，没有品牌在水源地方面做文章。我印象中，那个时候矿泉水和纯净水的概念在大陆还不像今天这么同质化，所以当时农夫山泉提出水源地的概念，确实在品质纯净这个维度上一举成功。从客观的媒体环境上讲，当时互联网并未兴起，人们获取信息的渠道主要就是电视台，甚至看电视广告也是生活的一部分。所以那个时候，农夫山泉有条件在一个流量高度聚集的平台去讲故事，消费者也能踏踏实实地坐在电视机前听它讲故事，这是我对当时农夫山泉的感觉。

黄开立

农夫山泉在我个人的认知里，算是当时第一个做出饮用水差异化的品牌吧！和其他品牌相比，只有农夫山泉打山泉水的概念。在人们的观念中，最接地气的、理想的水就是山泉水。而能将消费者心中的好水具象化的，就是农夫山泉了。

马晨程

喝农夫山泉，我可以品出“生水的味道”，和小时候在小镇上一直喝的没烧开的井水口感一样。所以，我一直认为农夫山泉是“生水”，这也是它的最大卖点。天然水等于大自然，等于矿物质，等于追求健康的生活理念和态度。农夫山泉自诩大自然的搬运工，以让大家喝到好水为使命，此为它的“为何做”；在它的各大优质水源地建厂、就地灌装，同时很注重对当地生态环境的保护，此为“如何做”和“做什么”。这让品牌更鲜活，更能引起亲近自然、追求健康的消费者的共鸣。同时，无论是自己的广告内容，还是和旅游及宣传部门进行工业景点合作，品牌调性都统一在“亲近大自然，搬运大自然”一条主线上，无时无刻不在履行着品牌的“为何做”。至此，农夫山泉已经无须再去强调山泉的功能性，它的“为何做”已经成为消费者心智中饮用水行业品牌的最大差异化竞争力。

结语

近20年在中国，随着互联网兴起，创业的人特别多。要创业一点都不难，在淘宝上开个小店，就可以开始做生意了。而大部分人开淘宝店，都是为了追求利润，不是为了理想，更不是为社会和消费者创造价值。很多人认为，赚钱是一个现实问题，赚到钱再去想品牌建设也不迟。但事实是，很多赚到钱的人，他们的下一个目标是赚更多钱。他们只是急功近利地想着融资上市成为富豪，成为所谓的成功人士而已。

正因如此，大部分企业家把投资放在短期营销上，希望能尽快赚钱，并不会投资品牌建设策略。这是短视的商业行为，虽然无可厚非，但让很多本来很有潜质的品牌无法走上强品牌之路，十分可惜。

我希望这本书能够让那些有长远目标的品牌，通过参考有趣的案例、简单的技巧、系统的方法，建设坚实的架构，塑造有趣和让人喜欢的形象，从而可以抵抗竞争冲击，最终做到基业长青。

企业采访：
“京都念慈菴”的品牌建设与重塑

采访者：陈亮途

受访者：香港京都念慈菴总厂有限公司董事　谢慧淦（Kathy）

以下的品牌故事，引自京都念慈菴官方网站，描述了这个创立超过 100 年的品牌的创始故事。

这是一段感人的孝亲故事，发生于清朝康熙年间。县令杨谨的母亲积劳成疾，久咳不愈。杨谨以孝亲感动名医叶天士赠以蜜炼川贝枇杷膏药方，治愈杨太夫人的顽疾。多年后，杨太夫人在临终前，嘱咐杨谨广制蜜炼川贝枇杷膏造福他人。在北京设厂制药的杨谨，为纪念母亲恩泽，将产品定名为“京都念慈菴蜜炼川贝枇杷膏”，并以孝亲图作为商标。

此后，杨氏后人因战乱辗转南迁到香港，将品牌托付谢兆邦先生悉心经营。谢先生于 1946 年在港创立京都念慈菴总厂有限公司，于香港生产京都念慈菴蜜炼川贝枇杷膏，将之发扬光大，并研制多元化的优质中药产品系列。

陈亮途：京都念慈菴20世纪70年代在香港，就已经是一个家喻户晓的品牌了。香港人只要咳嗽，就会到药店买京都念慈菴的川贝枇杷膏来吃，而且都觉得非常有效。为什么京都念慈菴当年能够成为消费者喜欢的品牌呢？

谢慧淦：谢先生是一位非常有魄力的营销奇才，他认为产品力是最重要的元素，枇杷膏一定要好吃和有效。他在20世纪70年代就深知要把品牌做好，就要有效地跟消费者沟通产品的优点，所以积极投放电视广告，并且制作了容易上口的广告歌。在当年的香港，用广告歌的品牌不多，但是“不但止咳化痰好，烟酒过多、睡眠不足、喉咙痛、声音哑，一樽搞掂晒”的歌词确实增加了品牌的传播力和认知度，也迅速把京都念慈菴植根在消费者的心智里。类似的营销手段也让我们可以开拓东南亚市场，并且取得不错的成果。

陈亮途：京都念慈菴后来进入了内地市场，也取得相当大的成功，这里面有什么秘诀呢？

谢慧淦：我们在20世纪80年代末期进军内地市场，后来得到消费者的喜爱，这个过程一点都不容易。还记得在1994—1995年的时候，我跟父亲谢兆邦先生一起，带着团队走访了超过30个省市，带上介绍产品功效的幻灯片，参加各地的医药推介会，积极开拓渠道。此外，我们也在电视、电台、公交车甚至火车站投放广告，以求增加品牌的认知度。后来，我们还赞助了电视台的节目，包括《百科全书》和《吐槽大会》，也赞助了中歌榜，这些都是为了更好地跟年轻人传播品牌信息，把品牌年轻化，扩大消费者群体。虽然过程艰辛，但是收获还是很大的。

陈亮途：2020年全球疫情发生，市场和消费者行为都产生了翻天覆地的变化。京都念慈菴会如何做出对策去面对这次挑战呢？

谢慧淦：其实，在疫情发生之前，我们已经在思考京都念慈菴这个品牌未来的定位和发展方向了。除了一定要维持产品的优质和有效外，我们更准备把品牌定位从消费者认为的“药品”转变为“健康养生的生活方式”，这需要多元化的产品策略，并需要发展更多的营销和销售渠道。在营销层面上，我们会加强线上的分销能力，并且更多着力于线上线下整合（O2O）营销，以期能全方位地跟消费者在每一个营销环节产生互动，拉近彼此的距离。这些就是要巩固京都念慈菴的市场领导地位，也避免竞争对手乘虚而入。

后记

2020年5月31日，《成为被喜欢的品牌》的初稿终于完成了。此时，距离新冠疫情暴发已四月有余，世界依旧被病毒的威胁笼罩着。很多人被限制在家不能外出，全球经济大受影响，不少企业入不敷出、难以支撑，所以被迫紧缩开支、宣告破产，甚至倒闭。

因为不少消费者在家，减少了额外的花销，那些依靠实体店经营的品牌，生意连受重创。但对另一部分品牌而言，生意持续回温，甚至大有赶超之势，疫情反倒成就了这些品牌，让它们更加冷静地审视未来的经营策略。不少企业在这段时间纷纷华丽转身，将更多资源和资本用于品牌建设、社交营销和线上传播的布局。

无法逛街，消费者就缺失了在线下门店发现新品的机会和惊喜。曾经靠疯狂打折就可以起效的方式，现今却难掩无客户的窘境。在疫情期间，消费者更愿意选择自己熟悉和认知中“安全”的品牌。他们会复购可口可乐、麦当劳和那些自己常年光顾的品牌。这时，企业终于意识到，建设一个消费者喜欢的品牌有多重要。

过去的市场环境让大部分品牌急功近利，追求短期利润。现在，是时候深思建设、塑造品牌，提升消费者认知度、喜爱度和购买欲了。高价值品牌向来经得起风浪，暂时性的购买力停滞并不会伤及根本性购买欲，销售额增长不过是暂缓出现罢了。正如苹果、亚马逊、谷歌、阿里巴巴这些强品牌，一直深受消费者喜爱和支持，只要消费者还在，它们抵御风险的能力就会非常强。但那些长期只侧重驱动销售的品牌，面对疫情就显得惊慌失措、进退维谷了。

很多品牌主都向我表示，2020 年的工作重点是建设品牌、经营消费者并保证持续增长。可见，疫情不但推翻了企业的既定营销策略，更颠覆了企业高管们的经营思维，他们开始重视品牌建设所带来的长远价值了。

这本书的问世，恰逢时势之机。

参考文献

第 1 章

Binet, L. and Field, P. "The Long and the Short of It: Balancing Short and Long-term Marketing Strategies", IPA, 2013.

Gabor, D. *Branding Is Sex: Get Your Customers Laid and Sell the Hell out of Anything.* Lioncrest Publishing, 2016.

Gabor, D. *Irrational Loyalty: Building a Brand that Thrives in Turbulent Times.* Lioncrest Publishing, 2019.

Kotler, P. & Keller, K. L., *Marketing Management, Global Edition.* Pearson 15th Edition, 2015.

Kahn, B. *Global Brand Power: Leveraging Branding for Long-Term Growth.* Wharton School Press, 2013.

Meumeier, M. *The Brand Gap. Revised Edition.* New Riders, 2005.

Robertson, G. *Beloved Brands: Playbook for How to Build a Brand Your Consumers Will Love.* 2018.

陈亮途,《营销长尾》, 2018, 中信出版社。

第 2 章

BrandZ 及 Kantar、BrandZ 发布的 2019 最具价值中国品牌 100 强，2019 年 5 月 6 日。

Galloway, S., *The Four: The Hidden DNA of Amazon, Apple, Facebook and Google*, 2018. New York Times, 2017.

Sinek, S. *The Infinite Game. The New York Times*, 2019.

Sinek, S. *Start With Why: How Great Leaders Inspire Everyone to Take Action*. New York Times, 2011.

Stone, B., *The Everything Store: Jeff Bezos and the Age of Amazon*, Bantam Press, 2013.

陈亮途，《营销长尾》，2018，中信出版社。

第 3 章

Flynn, P. *Superfans: The Easy Way to Stand Out, Grow Your Tribe and Build a Successful Business*, Get Smart Books, 2019.

Kelly, K. "1000 True Fans". Kelly's Blog. Kk.org. 2015.

Neumeier, M. *The Brand Flip: Why Customers Now Run Companies-And How to Profit from It*, New Riders, 2015.

O'Connell, A., Lego CEO Jørgen Vig Knudstorp on leading through survival and growth, *Harvard Business Review*, January 2009.

Seggelkow, N. & Terwiesch, C., *Connected Strategy: Building Continuous Customer Relationships for Competitive Advantage*, Harvard Business Review Press, 2019.

Scott, D. & Scott, R., *Fanocracy: Turning Fans into Customers and*

Customers into Fans, Portfolio, 2020.

第 4 章

腾讯广告和凯达：“Z 世代消费力白皮书”，2018 年 12 月。
Kotler, P., Katajaya, H. and Setiawan, I. *Marketing 4.0: Moving From Traditional to Digital*, Wiley, 2016.
Schaefer, M., *Marketing Rebellion: The Most Human Company Wins*, Schaefer Marketing Solutions, 2019.
Tzuo, T. & Weisert, G. *Subscribed: Why the Subscription Model Will Be Your Company's Future--and What to Do About it*, Portfolio, 2018.

第 5 章

Godin, S. *Tribes: We Need You to Lead Us.* Portfolio, 2008.
钱多多，“好的商业不仅会留住客群，更重要的是要懂社群营销”，《钱多多的商业日记》，2020.04.09。
陈亮途，《营销长尾》第五章“社群营销”，2018，中信出版社。

第 6 章

Dunfor, A., *Obviously Awesome: How to Nail Product Positioning So Customers Get It, Buy It, Love It. Ambient Press*, 2019.

Kahneman, D. *Thinking, Fast and Slow*, Farrar, Straus and Giroux, 2011.

Lindstrom, M., *Brand Sense: How to Build Powerful Brands Through Touch, Taste, Smell, Sight & Sound*. Free Press, 2005.

Ries, A. & Trout, J. *Positioning: The Battle for Your Mind. McGraw-Hill Education*, 2001.

陈亮途,《营销长尾》第三章“品牌金字塔的构成”，2018，中信出版社。

第 7 章

Binnie, L., *The Future of Omni-Channel Retail: Predictions in the Age of Amazon.* Emerald Lake Books, 2018.

Morgan, B., *The Customer of the Future: 10 Guiding Principles for Winning Tomorrow's Business.* Harper Collins Leadership, 2019.

Kahn, B., *The Shopping Revolution: How Successful Retailers Win Customers in an Era of Endless Disruption.* Wharton School Press, 2018.

第 8 章

forekac111, Prada Nylon Bag Behind the Little-Known Love Story, forekac111.overblog.com, Overblog, 2015.01.13.

Graft, L. *Start With Story: The Entrepreneurs Guide to Using Story to Grow Your Business*, Lioncrest Publishing, 2019.

Jiwa, B., *The Right Story: A Brief Guide to Changing the World.*

Perceptive Press，2019.
陈亮途,《营销长尾》第二章“做一个有故事的品牌”，2018，中信出版社。
陈亮途,《营销长尾》第七章“营销长尾：从曝光到信任”，2018，中信出版社。

第 9 章

Heimans，J. & Timm，H.，*New Power: How Anyone Can Persuade，Mobilize and Succeed in Our Chaotic，Connected Age.* Double Day，2018.

第 10 章

Collins，J. & Borras，J.，*Built to Last: Successful Habits of Visionary Companies，Harper Business*，2nd Edition. 1994.
Harari，Y.，*Sapiens: A Brief History of Mankind*，New York Times. 2017.
Satya，N.，*Hit Refresh: The Quest to Rediscover Microsoft's Soul and Imagine a Better Future for Everyone*，New York Times，2018.
韩国银行,《日本企业长寿要因与建议》，2008 年 5 月。
日本帝国征信公司,《全球长青企业调研报告》，2013 年。